ECONOMIA INTERNACIONAL

MANUAL DE EXERCÍCIOS

CB081072

ECONOMIA INTERNACIONAL

MANUAL DE EXERCÍCIOS

Maria Paula Fontoura
Vítor Magriço

ALMEDINA

ECONOMIA INTERNACIONAL
MANUAL DE EXERCÍCIOS

AUTORES
Maria Paula Fontoura
Vítor Magriço

© Maria Paula Fontoura e Vítor Magriço, 2022

Direitos reservados todos os países de língua portuguesa

EDITOR
EDIÇÕES ALMEDINA, S.A.
Avenida Emídio Navarro, 81, 3D
3000-151 Coimbra
Tel.: 239 851 904 · Fax: 239 851 901
www.almedina.net · editora@almedina.net

REVISÃO
EDIÇÕES ALMEDINA

CAPA
Joana Carvalho

PRÉ-IMPRESSÃO
EDIÇÕES ALMEDINA, S.A.

IMPRESSÃO E ACABAMENTO

novembro, 2022

DEPÓSITO LEGAL

Os dados e as opiniões inseridos na presente publicação são da exclusiva responsabilidade do(s) seu(s) autor(es).
Toda a reprodução desta obra, por fotocópia ou outro qualquer processo, sem prévia autorização escrita do Editor, é ilícita e passível de procedimento judicial contra o infrator.

ALMEDINA | GRUPOALMEDINA

BIBLIOTECA NACIONAL DE PORTUGAL – CATALOGAÇÃO NA PUBLICAÇÃO

FONTOURA, Maria Paula, 1956- , e outro

Economia internacional : manual de exercícios / Maria Paula Fontoura, Vítor Magriço. – (Economia e finanças)
ISBN 978-989-40-0850-7

I – MAGRIÇO, Vítor

CDU 339

ÍNDICE

Introdução 7

CAPÍTULO 1: As primeiras teorias do comércio: do Mercantilismo ao mundo Clássico de David Ricardo 9
Tópicos 9
A. Escolha múltipla 10
B. Resposta aberta 26

CAPÍTULO 2: Teoria Neoclássica do comércio 53
Tópicos 53
A. Escolha múltipla 53
B. Resposta aberta 63

CAPÍTULO 3: Base para o comércio: dotações fatoriais e modelo de Heckscher-Ohlin 81
Tópicos 81
A. Escolha múltipla 82
B. Resposta aberta 100

CAPÍTULO 4: Teorias do comércio pós Heckscher-Ohlin 113
Tópicos 113
A. Escolha múltipla 114
B. Resposta aberta 125

CAPÍTULO 5: Protecionismo comercial 135
Tópicos 135
A. Escolha múltipla 136
B. Resposta aberta 154

CAPÍTULO 6: Integração económica 181
Tópicos 181

A. Escolha múltipla 181
B. Resposta aberta 190

CAPÍTULO 7: Outros tópicos de Economia Internacional 201
Tópicos 201
A. Escolha múltipla 202
B. Resposta aberta 207

Respostas às questões de escolha múltipla 211

INTRODUÇÃO

Este livro pretende ser um instrumento auxiliar de aprendizagem de tópicos de Economia Internacional abordados num curso básico semestral do ensino superior sobre a vertente de Comércio Internacional desta área. Para o efeito, selecionámos um banco de questões de escolha múltipla e de resposta aberta que consideramos apropriados para o nível de análise de um curso com as características referidas. Dada a importância dos temas cobertos pela Economia Internacional, um curso sobre esta área da Economia é geralmente incluído como disciplina obrigatória nos programas de licenciatura em Economia, mas também é lecionado em diversas licenciaturas em áreas afins.

As questões elaboradas têm em consideração o manual teórico adotado na maior parte do período em que fomos docentes da disciplina de Economia Internacional da licenciatura em Economia do ISEG – Lisbon School of Economics & Management da Universidade de Lisboa, designadamente, *International Economics* de Dennis R. Appleyard e Alfred J. Field, Jr., que, em 2017, lançaram a 9.ª edição publicada pela McGraw-Hill, Boston. Esperamos, no entanto, que este manual de exercícios seja útil para qualquer curso de Comércio Internacional com o nível referido.

As questões propostas não esgotam todos os temas da área, que não só é vasta como contém especificidades que justificariam mais tempo de lecionação para poderem ser devidamente aprofundadas. Além disso, o peso relativo dos assuntos abordados neste manual resulta, naturalmente, do programa adotado na disciplina que os organizadores têm lecionado. Em qualquer caso, dado o vasto número de questões incluídas neste manual, esperamos que esta obra seja útil mesmo para abordagens da área que enfatizam mais outros pontos e/ou incluam alguns aqui omissos.

Num tempo em que a globalização condiciona a maior parte dos acontecimentos e de crescente integração entre os países e agentes económicos a nível mundial, o estudo da Economia Internacional tornou-se essencial para a compreensão dos acontecimentos e problemas do mundo atual. Apesar de este manual se destinar sobretudo a docentes e estudantes, esperamos que possa ser útil também a profissionais na área e a quem estiver interessado em melhor compreender as problemáticas centrais do comércio e da mobilidade dos fatores a nível internacional. As questões abordadas neste manual cobrem conceitos e temas considerados estruturantes do pensamento na área e, por essa razão, mesmo com desenvolvimentos futuros da área, pensamos que o interesse por eles perdurará.

O manual está organizado em sete capítulos, com apresentação, no início de cada um deles, de um índice detalhado dos temas que serão objeto de cobertura em termos das questões elaboradas. Cada capítulo começa por apresentar um banco de questões de escolha múltipla seguido de um banco de questões de resposta aberta. As respostas para as primeiras consistem na identificação da alínea com a resposta correta e constam no final do manual. No caso das segundas, é apresentada a resolução no seguimento de cada questão. Para o utilizador deste manual menos familiarizado com a matéria, poderá ser vantajoso começar pelas questões de resposta aberta, na medida em que a respetiva resolução poderá ajudar a resolver questões de escolha múltipla.

O desenvolvimento das questões de resposta aberta tem óbvias assimetrias, que se explicam, em boa medida, pelo objetivo de desenvolver com maior detalhe respostas a questões que possam ou não estar incluídas no manual teórico de referência, ou ter neste um desenvolvimento por nós considerado insuficiente. Para esse tipo de questões é também, por vezes, facultada alguma bibliografia com o mesmo objetivo. No caso de alguns modelos cuja paternidade possa suscitar dúvidas, incluímos a respetiva referência bibliográfica.

Muitas das questões incluídas neste manual foram usadas pelos alunos de Economia Internacional da licenciatura do ISEG. A todos os colegas que lecionaram nesta disciplina e também contribuíram para a sua elaboração e aos alunos que, ao procurar resolvê-las, não só nos permitiram "testá-las" como, tantas vezes, aperfeiçoá-las, desejamos expressar o nosso profundo agradecimento. Tratando-se de uma primeira edição deste manual, agradecemos todos os contributos que nos sejam enviados com vista a podermos melhorá-la e, eventualmente, corrigir alguma imprecisão ou incorreção.

Maria Paula Fontoura

Vítor Magriço

CAPÍTULO 1
AS PRIMEIRAS TEORIAS DO COMÉRCIO: DO MERCANTILISMO AO MUNDO CLÁSSICO DE DAVID RICARDO

TÓPICOS

Mercantilismo: o comércio internacional como jogo de soma nula
A contestação do Mercantilismo pelos primeiros escritores Clássicos:
- David Hume e o mecanismo fluxo-espécie-preço
- O modelo Clássico e os ganhos associados ao comércio livre
  - Hipóteses do modelo Clássico do comércio internacional
  - Da lei da vantagem absoluta à lei da vantagem comparativa
  - As duas leituras da vantagem comparativa no modelo Clássico
  - A demonstração de que existem ganhos com o comércio livre
  - Influência nos termos de troca internacional e ganhos de comércio

Representação gráfica do modelo Ricardiano com fronteiras de Possibilidades de Produção
O modelo Ricardiano monetarizado
  - Limites para os salários e para as taxas de câmbio
  - O efeito no comércio de alterações nos salários e nas taxas de câmbio

O modelo Ricardiano com custos de transporte
O modelo Ricardiano com muitos países
Testes empíricos do modelo Ricardiano

A. Escolha múltipla

1. Na visão mercantilista do comércio internacional (num mundo com dois países),

a) ambos os países podem ganhar com o comércio, mas a distribuição dos ganhos depende dos termos de troca.

b) ambos os países podem ganhar com o comércio e a distribuição dos ganhos não depende dos termos de troca.

c) é impossível identificar quem perde ou ganha com as trocas.

d) o ganho que um país retira do comércio equivale a uma perda para o outro país.

2. Se a procura de importações for inelástica, o mecanismo fluxo-espécie-preço de David Hume, assumidas as condições teóricas para que exista uma ligação formal entre o dinheiro e os preços, resultará em

a) fluxos de metal precioso entre os países que eliminarão os défices e os superavits comerciais.

b) fluxos de metal precioso entre os países que agravarão os défices e os superavits comerciais.

c) fluxos de metal precioso entre os países que terão pouco impacto sobre os défices e os superavits comerciais.

d) desincentivo ao comércio entre os países.

3. De acordo com o mecanismo fluxo-espécie-preço de David Hume, um país com défice comercial ______ metal precioso; este fluxo de metal precioso conduzirá a ______ do preço das exportações desse país.

a) perderá; uma diminuição

b) perderá; um aumento

c) ganhará; uma diminuição

d) ganhará; um aumento

4. Com especialização segundo a visão de Adam Smith,

a) o comércio internacional beneficia sempre ambos os países que comercializam.

b) o comércio internacional é baseado em diferenças nos custos relativos.

c) o comércio internacional reflete diferenças de produtividade nos países em questão.

d) um país com vantagem absoluta nos dois bens ganha sempre com a abertura ao comércio.

5. Segundo a lei do Valor-Trabalho,
a) o valor do trabalho é determinado pela sua abundância.
b) o valor de um bem é determinado pelo montante de trabalho com que cada unidade de capital é combinada na produção desse bem.
c) o preço do bem A, comparado com o preço do bem B, traduz a quantidade relativa de trabalho usada na produção de cada bem.
d) os preços de dois bens com os mesmos custos de produção podem ser diferentes.

6. Escolha a afirmação que lhe parece mais verdadeira:
a) A falta de realismo da lei do Valor-Trabalho transforma o modelo Clássico numa mera curiosidade teórica.
b) A lei do Valor-Trabalho não se aplica à determinação dos preços no mercado internacional.
c) A eventual incorporação das condições de procura no modelo Clássico poria em causa o conceito de vantagem comparativa.
d) O principal contributo do modelo Clássico é explicar como as vantagens comparativas são dinâmicas.

7. Qual das afirmações seguintes não é um pressuposto da teoria Clássica?
a) A produtividade do trabalho em cada país é constante.
b) O trabalho pode movimentar-se livremente entre países.
c) Cada país tem um fator de produção com dotação fixa.
d) Os mercados são perfeitamente competitivos.

8. O modelo de base de Ricardo das vantagens comparativas:
a) Permite determinar o sentido das trocas internacionais.
b) Mostra que os dois países ganham com as trocas qualquer que seja a relação de troca internacional.
c) Permite identificar a relação de trocas internacional.
d) Para identificar a especialização dos países, requer que seja preciso conhecer o equilíbrio com a abertura ao comércio.

9. No âmbito do modelo Ricardiano, se um país A tem vantagem comparativa relativamente ao país B na produção de sapatos, então,
a) a produtividade do trabalho na indústria de sapatos no país A é maior do que no país B.

b) o país A produz sapatos de maneira relativamente mais eficiente do que o país B.
c) o custo unitário na produção de sapatos no país A é menor que no país B.
d) o país A está mais bem dotado nos fatores usados na produção de sapatos.

10. Em resultado da abertura ao comércio, a especialização no modelo Ricardiano tende a ser
a) completa, quer os parceiros sejam Pequenos ou Grandes.
b) completa, se ambos os parceiros forem de dimensão relativamente igual.
c) incompleta, se os parceiros forem de dimensão relativamente igual.
d) incompleta, quer os parceiros sejam Pequenos ou Grandes.

11. No modelo de base de Ricardo,
a) a vantagem comparativa é explicada por diferenças tecnológicas relativas entre países.
b) a vantagem comparativa é explicada por diferenças entre países na quantidade relativa de fatores.
c) a vantagem comparativa é também explicada por diferenças entre países ao nível dos gostos dos consumidores.
d) a vantagem comparativa é explicada pela sobreposição da procura entre países.

12. Do conjunto de hipóteses do modelo Clássico (vantagens absolutas e vantagens comparativas) faz/fazem parte
a) as tecnologias serem de acesso livre.
b) dentro de cada país o trabalho ter mobilidade perfeita dentro de cada indústria, mas não entre indústrias.
c) dentro de cada país a curva de oferta de cada um dos bens ser horizontal.
d) todas as alíneas anteriores

13. O modelo de base de Ricardo
a) mostra que é possível um país perder com a abertura ao comércio internacional.
b) mostra que um país Grande que comercialize com um Pequeno não ganha com o comércio e, por isso, é preferível permanecer em autarcia.
c) só é válido se a estrutura da procura for igual nos dois países.
d) mostra que, com comércio internacional, a produção mundial dos bens aumenta sempre.

14. No contexto da teoria Clássica do comércio internacional, com a abertura ao comércio verifica-se, necessariamente,

a) um aumento do consumo dos dois bens.
b) um aumento do consumo de um bem exportado e a diminuição do consumo do bem importado.
c) uma diminuição do consumo de um bem exportado e um aumento do consumo do bem importado.
d) nenhuma das alíneas anteriores.

15. No modelo Clássico das vantagens comparativas, com dois países, dois bens (X e Y) e um fator produtivo (trabalho), a hipótese de bens homogéneos implica que:

a) X e Y têm o mesmo nível de qualidade.
b) Não há nada que leve os consumidores a preferirem os bens produzidos domesticamente.
c) X e Y são substitutos perfeitos.
d) A produtividade na indústria do bem X é igual à produtividade na indústria do bem Y, pelo que os salários nas duas indústrias tendem a ser iguais.

16. No modelo Clássico das vantagens comparativas:

a) Se um país tem vantagem absoluta na produção de um bem, então também tem vantagem comparativa na produção desse bem.
b) Se um país tem vantagem comparativa na produção de um bem, então não pode ter vantagem absoluta na produção desse bem.
c) Um país pode ter vantagem comparativa na produção de um bem e, ao mesmo tempo, vantagem absoluta na produção desse bem.
d) Um país com vantagem absoluta na produção de todos os bens não pode retirar ganhos do comércio internacional.

17. No âmbito do modelo Clássico das vantagens comparativas, quando um país Pequeno se abre ao comércio, especializa-se completamente no bem onde tem vantagem comparativa. Este resultado pressupõe verificada a seguinte hipótese simplificadora:

a) Custos de oportunidade crescentes.
b) Custos de oportunidade constantes.
c) Custos de oportunidade decrescentes.
d) Perfeita mobilidade de fatores produtivos entre países.

18. No âmbito do modelo Clássico das vantagens comparativas, um país ganha tanto ____ com o comércio internacional quanto ____ o preço relativo internacional do seu bem de especialização se _______ do preço relativo de autarcia desse bem no outro país.

a) mais; menos; afastar
b) mais; mais; afastar
c) menos; mais; aproximar
d) menos; menos; afastar

19. Seja uma economia Grande a comercializar com uma Pequena. Verifica-se que, com a abertura ao comércio, 1000 unidades de X trocam-se por 1800 unidades de Y. Pode então concluir-se que:

a) O custo de oportunidade de X em termos de Y em autarcia é 1,8.
b) O custo de oportunidade de Y em termos de X em autarcia é 1,8.
c) Não temos elementos para retirar ilações sobre o custo de oportunidade em autarcia.
d) Nenhuma das alíneas anteriores é verdadeira.

20. No modelo de Ricardo com dois bens, a fronteira de possibilidades de produção (FPP) é linear porque:

a) Uma fronteira côncava complica demasiado o raciocínio.
b) A produtividade marginal do trabalho na indústria de cada bem é constante.
c) A produtividade marginal do trabalho na indústria de um dos bens é decrescente.
d) A produtividade marginal do trabalho na indústria de cada bem é decrescente.

21. No modelo Ricardiano das vantagens comparativas, se as fronteiras de possibilidades de produção de dois países tiverem a mesma inclinação, então:

a) Só existirão condições para o comércio se as dotações de fatores dos dois países forem diferentes.
b) Mesmo assim, existirão condições para o comércio.
c) Não existem condições para o comércio.
d) Existirão condições para o comércio se e só se os países tiverem dimensões idênticas.

22. No âmbito do modelo Ricardiano das vantagens comparativas, se os Estados Unidos tiverem uma fronteira de possibilidades de produção menos inclinada em

relação ao eixo que regista as produções do bem X e a Alemanha tiver uma fronteira de possibilidades de produção menos inclinada em relação ao eixo que regista as produções do bem Y, então:

a) Os Estados Unidos não têm vantagem comparativa em nenhum dos bens.
b) A Alemanha tem vantagem comparativa na produção do bem Y.
c) Os Estados Unidos têm vantagem comparativa na produção do bem Y.
d) Não é possível determinar o padrão de vantagens comparativas.

23. De acordo com a teoria Clássica do comércio internacional, verifica-se que
a) só os países com baixos salários serão exportadores.
b) só os países com salários elevados serão importadores.
c) os países com salários elevados terão preços relativos mais elevados em todos os bens.
d) nenhumas das alíneas anteriores se aplica.

24. No âmbito do modelo de Ricardo das vantagens comparativas, um país ganha com a abertura ao comércio internacional se, em ____________, o ponto de equilíbrio no/na __________ se situar à direita da sua fronteira de possibilidades de produção.
a) autarcia; produção
b) comércio livre; produção
c) autarcia; consumo
d) comércio livre; consumo

25. No quadro do modelo base de Ricardo das vantagens comparativas,
a) um aumento da produtividade na produção de um bem faz deslocar paralelamente a fronteira de possibilidades de produção (FPP) do país.
b) o padrão de vantagens comparativas depende do preço relativo internacional.
c) se a inclinação da fronteira de possibilidades de produção do país A (FPP^A) for igual a -2 e a inclinação da fronteira de possibilidades de produção do país B (FPP^B) for igual a -4, é possível saber quais os preços relativos autárcicos dos 2 países.
d) todas as trocas se regem pela lei do Valor-Trabalho.

26. No quadro do modelo Ricardiano monetarizado
a) com dois países da zona euro e muitos bens e custos de transporte, a especialização é indeterminada.

b) com moeda comum, o país A, no comércio com o país B, especializa-se na produção dos bens para os quais a razão da produtividade do trabalho em A relativamente a B é superior à razão do salário em A relativamente ao de B.
c) com três países e dois bens, um país pode exportar bens diferentes para os restantes parceiros.
d) com n bens e dois países, a condição de exportação estabelece que, para se manter o padrão das vantagens comparativas, os salários não podem variar.

27. No quadro do modelo Ricardiano das vantagens comparativas:
a) Se houver uma inovação tecnológica que aumente a produtividade na produção dos dois bens na mesma proporção, a fronteira de possibilidades de produção do país desloca-se para cima e o custo de oportunidade de um bem em termos do outro altera-se.
b) No quadro do modelo Ricardiano com mais de dois bens, quando, expresso na mesma moeda, o salário do país A é menor do que o salário do país B, pode dizer-se que o país A se especializa nos sectores onde os seus custos unitários relativos em horas de trabalho são menores do que no país B.
c) Com n bens e 2 países, a competitividade de um país (nº de bens exportados) melhora se a produtividade na produção de um ou mais bens aumentar.
d) A condição de exportação pode ser definida em termos da moeda do país A ou em termos da moeda do país B. Em qualquer dos casos, a conclusão sobre o padrão de especialização após comércio é o mesmo.

28. Com a introdução de custos de transporte no modelo Clássico monetarizado,
a) não se alteram as conclusões que se retiram sobre o padrão de comércio.
b) pode diminuir o número de bens suscetíveis de serem transacionados no mercado internacional.
c) para alguns bens, pode inverter-se o sentido dos fluxos de comércio.
d) as eventuais alterações sobre o padrão de comércio estão dependentes da forma como se define a taxa de câmbio (ao certo ou ao incerto).

29. Considere o seguinte quadro com o número de dias necessários para produzir uma unidade de cada um dos bens nele referidos, nos países A e B:

	Bem X	Bem Y
País A	4	12
Pais B	6	12

Escolha a resposta correta no contexto do modelo Ricardiano:

a) No país B, em autarcia, uma unidade do bem Y troca-se por 2 unidades do bem X.
b) No país A, em autarcia, uma unidade do bem X troca-se por três unidades do bem Y.
c) No país B, em autarcia, 6 unidades do bem X trocam-se por 12 unidades do bem Y.
d) O país B tem condições para exportar o bem X.

30. Sejam dois países, Inglaterra e Portugal, que produzem dois bens, vinho e tecido, a partir do trabalho. O quadro seguinte indica os custos unitários de produção em dias de trabalho:

	Tecido	Vinho
Inglaterra	100	120
Portugal	90	80

Podemos conclui que:

a) A produtividade relativa da produção do tecido é maior em Inglaterra do que em Portugal.
b) Os dois países ganham com a troca internacional se o preço relativo internacional do tecido for igual a 0,8.
c) A Inglaterra tem uma vantagem absoluta na produção dos dois bens.
d) A Inglaterra dispõe de uma vantagem comparativa na produção do vinho.

31. Suponha que, com custos de oportunidade constantes, a França pode produzir 1000 unidades de tecido se afetar toda a sua dotação de recursos à produção de tecido e 5000 unidades de milho se afetar todos os seus recursos à produção de milho. Se a França se abrir ao comércio internacional com uma razão de troca internacional de 1 unidade de milho por 0,3 unidades de tecido, então exportará ________; se a razão de troca internacional for de 1 unidade de milho por 0,5 unidades de tecido, então a França exportará _______.

a) milho; milho
b) tecido, tecido
c) milho, tecido
d) tecido, milho

32. Considere a seguinte matriz de custos unitários em horas de trabalho para os bens X e Y e nos países A e B em situação de autarcia:

	X	Y
País A	2,3	2,5
País B	2,4	2,6

No âmbito da teoria Clássica das vantagens comparativas, se estes dois países se abrirem ao comércio mútuo e exclusivo, o preço relativo de equilíbrio do bem X no mercado internacional deverá situar-se entre:

a) 2,5/2,6 e 2,3/2,4.
b) 2,4/2,3 e 2,6/2,5.
c) 2,4/2,6 e 2,3/2,5.
d) 2,5/2,3 e 2,6/2,4.

33. Considere a seguinte informação sobre a quantidade de trabalho necessária para produzir uma unidade de cada um dos bens em cada um dos países:

	Tecido	CDs
País interno	10	20
País estrangeiro	60	30

Após a abertura ao comércio, o país interno sofreu um choque e as quantidades de trabalho necessárias para produzir cada um dos bens triplicaram. Em consequência:

a) o país interno deixou de ter condições de exportação.
b) o país interno manteve o seu padrão de especialização.
c) o país interno alterou o seu bem de especialização.
d) o país interno passou a importar os dois bens.

34. Considere que o trabalho pode produzir batatas e chocolates nos EUA e na Suécia e que o quadro seguinte indica o número de unidades produzidas de cada um dos bens por 1 hora de trabalho:

	Batatas	Chocolates
EUA	20	120
Suécia	10	30

34.1. Nestas circunstâncias,

a) os EUA têm vantagem absoluta em batatas.

b) a Suécia tem vantagem comparativa em batatas.
c) verificam-se ambas a) e b).
d) a Suécia tem vantagem comparativa em chocolates.

34.2. Não existiriam trocas internacionais com benefícios mútuos para os EUA e a Suécia se, em vez de 30, a produção de chocolates por 1 hora de trabalho na Suécia fosse:

a) 5.
b) 10.
c) 60.
d) 120.

35. Os EUA e o Reino Unido estão em comércio mútuo e exclusivo de acordo com a informação da matriz seguinte que mostra a quantidade produzida com 1 dia de trabalho de cada um dos dois bens em cada um dos países:

	Vinho	Azeite
EUA	3	3
Reino Unido	2	1,5

Se, adicionalmente, considerarmos que o salário de um trabalhador no RU é 30 libras por dia e a taxa de câmbio fixa é 2$=1£, qual seria o limite superior para o salário diário de um trabalhador nos EUA que não altera o padrão de comércio vigente?

a) $30.
b) $40.
c) $90.
d) $120.

36. No modelo Ricardiano, se Portugal consegue produzir duas vezes mais vinho por dia do que a Inglaterra, mas apenas 1,5 vezes mais tecido, então, se o salário em Portugal for de 30€ por dia, o limite superior para o salário diário em Inglaterra será (assuma 1€ = 1£):

a) 15£.
b) 20£.
c) 45£.
d) 60£.

37. A tabela seguinte mostra os preços de cada um dos bens em cada um dos países em situação de autarcia e nos termos do modelo Clássico.

	Sapatos	Vinho
Estados Unidos	20$	10$
França	100€	40€

Em regime de câmbios flexíveis e com livre comércio, o limite superior para o preço do dólar em euros será:

a) 5€ = 1$.
b) 4€ = 1$.
c) 0,25€ = 1$.
d) 0,20€ = 1$.

38. Assuma que o trabalho é o único fator de produção e que os salários são de 20$ por hora nos Estados Unidos e de 10$ por hora no Japão. Os custos de produção serão mais baixos nos Estados Unidos se:

a) A produtividade do trabalho for de 40 unidades por hora nos Estados Unidos e de 15 unidades por hora no Japão.
b) A produtividade do trabalho for de 30 unidades por hora nos Estados Unidos e de 20 unidades por hora no Japão.
c) A produtividade do trabalho for de 20 unidades por hora nos Estados Unidos e de 30 unidades por hora no Japão.
d) A produtividade do trabalho for de 15 unidades por hora nos Estados Unidos e de 25 unidades por hora no Japão.

39. No âmbito do modelo Clássico das vantagens comparativas, considere que a fronteira de possibilidades de produção no país A é dada pela expressão analítica $Q_Y = 300 - 0{,}8Q_X$, onde Q_X e Q_Y representam as quantidades produzidas dos bens X e Y, respetivamente. Considere, ainda, que, no país B, para se produzir uma unidade adicional do bem X é preciso renunciar à produção de 0,80 unidades de Y. Nestas circunstâncias, pode-se afirmar que no país A o custo de oportunidade do bem ___ é _____ e que ____ é a quantidade de Y transacionada no mercado internacional.

a) Y; 1,20; 300
b) Y; 1,25; 300
c) X; 1,25; 0,8
d) Y; 1,25; zero

40. No âmbito do modelo Clássico das vantagens comparativas, considere que a fronteira de possibilidades de produção no país A é dada pela expressão analítica $Q_Y = 200 - 0{,}5Q_X$ e no país B por $Q_Y = 200 - 2Q_X$. Donde se conclui que:

a) O país A é mais eficiente na produção de X.
b) O país A é relativamente mais eficiente na produção de X.
c) O país A é mais eficiente na produção de Y.
d) O país A é relativamente mais eficiente na produção de Y.

41. No âmbito do modelo Clássico das vantagens comparativas, considere a fronteira de possibilidades de produção dada pela expressão analítica $Q_Y = 300 - 0{,}8Q_X$, em que Q_X e Q_Y representam as quantidades produzidas dos bens X e Y, respetivamente. Nestas circunstâncias, pode-se afirmar que o custo de oportunidade do bem ___ é _____ e que ____ é a quantidade máxima de Y que é possível produzir.

a) Y; 0,8; 300
b) X; 0,8; 300
c) X; 1,25; 375
d) Y; 1,25; 375

42. Suponha os países A e B, produtores dos bens X e Y, para os quais se conhecem as seguintes expressões analíticas das fronteiras de possibilidades de produção:

País A: $Q_Y = 200 - 2Q_X$;

País B: $Q_Y = 150 - \frac{1}{2}Q_X$.

Escolha a afirmação que lhe parece mais correta:

a) Em comércio livre, o preço no mercado internacional será necessariamente igual a 1.
b) Em comércio livre, o país B exporta o bem X e importa o bem Y.
c) Não é possível determinar o padrão de comércio.
d) O país A dispõe de 200 unidades de trabalho e o país B dispõe de 150 unidades de trabalho.

43. Os gráficos seguintes ilustram as situações de autarcia dos países A e B nas condições definidas pelo modelo Clássico:

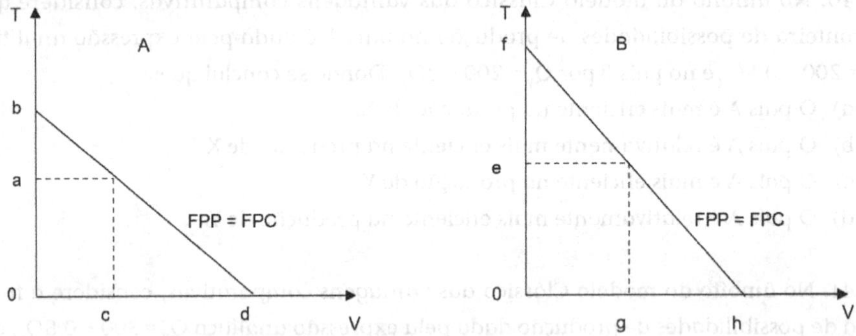

a) Em A, o preço relativo do bem V é d/b.
b) Em A, o preço relativo do bem V é a/c.
c) Em B, o preço relativo do bem T é h/f.
d) O país B tem vantagem comparativa no bem V.

44. Suponham-se as seguintes fronteiras de possibilidades de produção para Marrocos e Argélia:

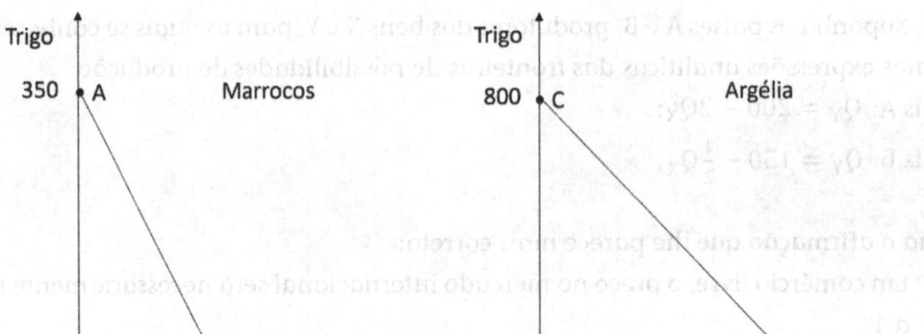

Marrocos tem uma relação de troca em autarcia de ________________; caso estabeleça relações comerciais com a Argélia, irá produzir no ponto ____, assumindo especialização completa.

a) "1 unidade de tecido por 0,5 unidades de trigo"; A
b) "1 unidade de tecido por 0,5 unidades de trigo"; B
c) "1 unidade de tecido por 2 unidades de trigo"; A
d) "1 unidade de tecido por 2 unidades de trigo"; B

45. No âmbito do modelo Clássico das vantagens comparativas, considere as fronteiras de possibilidades de produção dos países A e B:

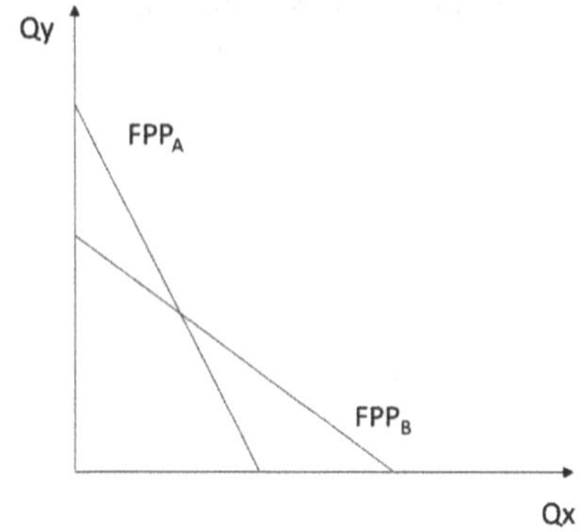

Donde se conclui que:

a) O país A é mais eficiente na produção de X.
b) O país A é relativamente mais eficiente na produção de X.
c) O país A é mais eficiente na produção de Y.
d) O país A é relativamente mais eficiente na produção de Y.

46. Os gráficos seguintes representam as situações de autarcia dos países A e B:

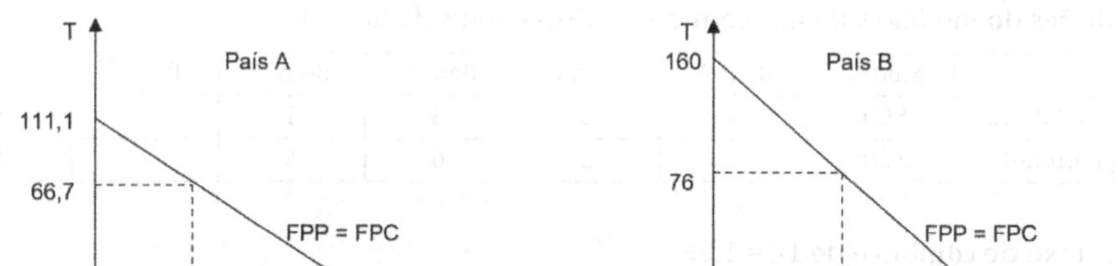

Conclui-se que:

a) O país A tem vantagem comparativa na produção de V porque $CO_{VT}^{A} = 50/125 < CO_{VT}^{B} = 70/133,3$.
b) O país A tem vantagem comparativa na produção de V porque $CO_{VT}^{A} = 66,7/50 > CO_{VT}^{B} = 76/70$.
c) O país A tem vantagem comparativa na produção de V porque $CO_{VT}^{A} = 66,7/75 < CO_{VT}^{B} = 160/133,3$.

d) O país A tem vantagem comparativa na produção de V porque $CO_{VT}{}^{A} = 111{,}1/50 < CO_{VT}{}^{B} = 160/70$.

47. Os gráficos seguintes ilustram três situações para três países, antes e depois da abertura ao comércio, nas condições do modelo Clássico:

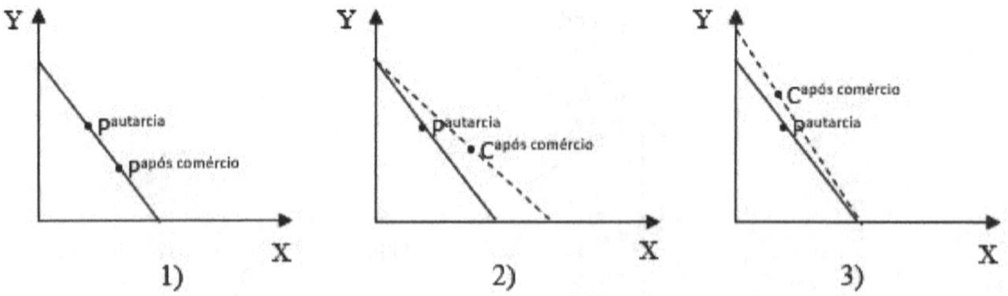

Se P designar um ponto de produção e C um ponto de consumo, então ____ ilustra uma situação em que o respetivo país apresenta vantagem comparativa no bem X.

a) o gráfico 1
b) o gráfico 2
c) o gráfico 3
d) nenhum dos gráficos

48. Suponha a seguinte matriz de custos unitários em horas de trabalho nas condições do modelo Clássico com dois países e mais de dois bens:

País	Salário	Bem A	Bem B	Bem C	Bem D	Bem E	Bem F
Inglaterra	5£/h	3	5	8	1	2	4
Portugal	3€/h	4	3	6	5	4	5

A taxa de câmbio é de 1£ = 1,2€.

48.1. Nestas condições, a Inglaterra exporta

a) os bens A, B e C.
b) o bem D.
c) os bens E e F.
d) os bens D, E e F.

48.2. Qual o limite máximo dos salários em Inglaterra para que este país deixe de ter condições de exportação de qualquer que seja o bem?

a) 3,5£/h.
b) 6,5£/h.
c) 12,5£/h.
d) 10£/h.

48.3. Suponha que existem custos unitários de transporte equivalentes a 0,5 horas, qualquer que seja o bem ou o país exportador. Nestas condições, a Inglaterra exporta
a) os bens A, B e C.
b) o bem D.
c) os bens E e F
d) os bens D, E e F.

49. Suponha que as quantidades de trabalho necessárias para produzir uma unidade de cada um de dois bens em cada um de três países são as que se apresentam no quadro seguinte:

	Trigo	Vestuário
Espanha	2	3
França	3	2
Reino Unido	1	4

Nesta situação, com uma razão de troca internacional de "1 unidade de vestuário por 2 unidades de trigo", _________ exportará /exportarão vestuário e importarão trigo; se os termos de troca forem "1 unidade de trigo por 0,75 unidades de vestuário", _________ exportará/exportarão vestuário e importará/importarão trigo.
a) França e Reino Unido; Espanha
b) Espanha e França; França
c) França e Reino Unido; Espanha e Reino Unido
d) Espanha e França; Espanha e Reino Unido

50. No âmbito do modelo Clássico, MacDougall testou empiricamente a seguinte hipótese (*Prod* designa a produtividade, *CU* o custo unitário, *W* o salário e *X* a quantidade exportada):
a) $Prod_j^{EUA}/Prod_j^{RU}>W^{EUA}/W^{RU}$, então $EXP_j^{EUA}/EXP_j^{RU}>1$.
b) $Prod_j^{EUA}/Prod_j^{RU}>W^{EUA}/W^{RU}$, então $EXP_j^{EUA}/EXP_j^{RU}<1$.
c) $Prod_j^{EUA}/Prod_j^{RU}>W^{EUA}/W^{RU}$, então o bem j é exportado pelos EUA.
d) $CU_j^{EUA}/CU_j^{RU}>W^{EUA}/W^{RU}$, então o bem j é exportado pelo RU.

B. Resposta aberta

1. Considere o modelo Clássico do comércio internacional. Suponha duas economias, A e B, nas condições deste modelo, que produzem os bens X e Y, de acordo com as condições técnicas seguintes:

Função de produção na indústria do bem X, na economia A: $Q^A_X = 4L^A_X$;

Função de produção na indústria do bem Y, na economia A: $Q^A_Y = 4{,}5L^A_Y$;

Função de produção na indústria do bem X, na economia B: $Q^B_X = 6L^B_X$;

Função de produção na indústria do bem Y, na economia B: $Q^B_Y = 5L^B_Y$.

a) Distinga vantagem absoluta de vantagem comparativa, apresente a condição geral que garante a sua existência e diga que fatores as explicam.

b) Para o caso das economias A e B, determine o padrão de vantagens absolutas e comparativas.

Resolução

a)

Vantagem absoluta: vantagem de que um país dispõe num determinado bem pelo facto de produzir esse bem de forma mais eficiente do que o país de comparação.

Vantagem comparativa: vantagem de que um país dispõe num determinado bem pelo facto de produzir esse bem de forma relativamente mais eficiente do que o país de comparação.

Em qualquer dos casos, a vantagem é explicada por diferenças de produtividade ou de custos de produção, ou seja, por diferenças ao nível das funções de produção (tecnologia).

Seja C_i^j o custo em unidades do fator produtivo utilizado por unidade do bem *i* no país *j*, com *i* = 1, 2 e *j* = A, B.

- Condição para a existência de vantagens absolutas: $C_i^A \neq C_i^B$.
- Condição para a existência de vantagens comparativas: $C_1^A / C_1^B \neq C_2^A / C_2^B$ ou $C_1^A / C_2^A \neq C_1^B / C_2^B$.

A primeira condição para a existência de vantagens comparativas também pode ser expressa em termos de custos de oportunidade ou em termos de preços relativos.

Considere-se:

CO_{12}^j – custo de oportunidade do bem 1 em relação ao bem 2 no país *j* na situação de autarcia;

PR_{12}^{j} – preço relativo do bem 1 em unidades do bem 2 no país *j* na situação de autarcia.

A condição para a existência de vantagens comparativas é: $CO_{12}^{A} \neq CO_{12}^{B}$ ou $PR_{12}^{A} \neq PR_{12}^{B}$.

b)

$C_X^A = ¼ = 0{,}25$.
$C_Y^A = 1/4{,}5 = 0{,}22(2)$.
$C_X^B = 1/6 = 0{,}166(6)$.
$C_Y^B = 1/5 = 0{,}20$.

Padrão de vantagens absolutas:
$C_X^A = 0{,}25 > C_X^B = 0{,}166(6)$;
$C_Y^A = 0{,}22(2) > C_Y^B = 0{,}20$.
Conclusão: o país B tem vantagem absoluta em ambas as produções.

Padrão de vantagens comparativas:
$C_X^A / C_X^B = 0{,}25/0{,}166(6) = 1{,}50 > C_Y^A / C_Y^B = 0{,}22(2) / 0{,}20 = 1{,}11$.

Conclusão: o país A tem vantagem comparativa na produção do bem Y e o país B na produção do bem X.

2. Considere duas economias, A e B, nas condições do modelo Clássico, que produzem os bens X e Y. Em relação a estas duas economias, sabe-se ainda que:

Matriz dos custos unitários em unidades de trabalho

	Bem X	Bem Y
Economia A	2	3
Economia B	4	5

Matriz das quantidades de trabalho utilizadas na situação de autarcia

	Bem X	Bem Y
Economia A	800	1200
Economia B	600	1000

Grupo I

Com base nestas informações, determine:

a) A matriz de produtividades do trabalho.
b) A matriz dos preços relativos em autarcia.
c) A matriz dos custos relativos unitários.
d) A matriz dos custos de oportunidade.
e) A matriz das produções em autarcia.
f) A matriz das produções máximas.
g) Os intervalos de variação dos preços relativos internacionais que garantem ganhos para ambas as economias em caso de abertura ao comércio.
h) A matriz dos preços internacionais para os quais os ganhos de comércio revertem todos para uma das economias.

Grupo II

Suponha que ambos os países decidem abrir-se ao comércio, que o país B se especializa completamente e que não há alteração ao nível do consumo do bem de importação em cada um dos países em relação à situação de autarcia. Suponha ainda que o preço de equilíbrio no mercado internacional se fixa em $Px/Py^{Int} = (Px/Py)^{A} = 2/3$, em que $(Px/Py)^{A}$ representa o preço relativo de X no país A na situação de autarcia.

a) Determine as quantidades produzidas, consumidas e transacionadas de cada um dos bens.
b) Determine analiticamente as fronteiras de possibilidades de consumo e de possibilidades de produção para cada país na situação de autarcia e na situação de comércio livre.

Resolução

Grupo I

a) É apresentada uma matriz de custos unitários em unidades de trabalho. Os valores inscritos nas células centrais da matriz indicam o número de unidades de trabalho necessárias para produzir uma unidade de cada bem em cada um dos países.

A produtividade traduz-se pelo número de unidades de produto que cada unidade de fator produtivo produz efetivamente. Como no modelo Clássico os custos unitários são constantes, para determinar as produtividades basta inverter cada um dos valores da matriz.

Matriz das produtividades do trabalho

	Bem X	Bem Y
Economia A	½ = 0,5	1/3 ≅ 0,33
Economia B	¼ = 0,25	1/5 = 0,2

b)

Matriz dos preços relativos em autarcia

	Bem X	Bem Y
Economia A	2/3 ≅ 0,67	3/2 = 1,5
Economia B	4/5 = 0,8	5/4 = 1,25

c)

Matriz dos custos unitários relativos

	Bem X	Bem Y
Economia A	2/4 = 0,5	3/5 = 0,6
Economia B	4/2 = 2	5/3 ≅ 1,67

d)

Matriz dos custos de oportunidade

	Bem X	Bem Y
Economia A	2/3 ≅ 0,67	3/2 = 1,5
Economia B	4/5 = 0,8	5/4 = 1,25

e)

Matriz das produções em autarcia

	Bem X	Bem Y
Economia A	800/2 = 400	1200/3 = 400
Economia B	600/4 = 150	1000/5 = 200

f)

Matriz das produções máximas

	Bem X	Bem Y
Economia A	2000/2 = 1000	2000/3 ≅ 666,67
Economia B	1600/4 = 400	1600/5 = 320

g)

$(Px/Py)^A = 2/3 \cong 0{,}67 < (Px/Py)^{Int} < (Px/Py)^B = 4/5 = 0{,}8.$

$(Py/Px)^A = 3/2 = 1{,}5 > (Py/Px)^{Int} > (Py/Px)^B = 5/4 = 1{,}25.$

h)

Matriz dos preços relativos internacionais para os quais os ganhos revertem todos para uma das economias:

	Bem X	Bem Y
Economia A	4/5 = 0,8	5/4 = 1,25
Economia B	2/3 ≅ 0,67	3/2 = 1,5

Grupo II

a) Recorde-se que o país A importa o bem Y e que o consumo deste bem em autarcia era de 400 unidades. Recorde-se também que o país B importa o bem X, bem cujo consumo em autarcia era de 150 unidades. Na medida em que o país B se especializa completamente no bem Y, deve importar 150 unidades de X, o que constitui simultaneamente a quantidade exportada por A. Dado que $Px/Py^{Int} = 2/3$, isto significa que o país B terá de pagar pelas suas importações de X o montante de 100 unidades de Y ($150 \cdot 2/3 = 100$). Ou seja, as exportações de B (as importações de A) ascendem a 100 unidades de Y.

Na medida em que o país B produz 320 unidades de Y e exporta 100 para o país A, o seu consumo ascenderá a 320 – 100 = 220 unidades de Y. Por outro lado, dado que o país A pretende consumir 400 unidades de Y e o país B só lhe fornece 100 unidades deste bem, A terá de produzir 400 – 100 = 300 unidades de Y. Para produzir esta quantidade de Y, o país A precisa de afetar $300 \cdot 3 = 900$ unidades de trabalho e restam-lhe, assim, 2000 – 900 = 1100 unidades de trabalho para afetar à produção de X. Estas 1100 unidades de trabalho produzirão 1100/2 = 550 unidades de X. Como o país A exporta 150 unidades de X para B, o seu consumo interno ascenderá a 550 – 150 = 400 unidades de X.

Quantidades produzidas, consumidas e transacionadas (exportação e importação)

	Produção		Comércio		Consumo	
	Bem X	Bem Y	Bem X	Bem Y	Bem X	Bem Y
Economia A	550	300	Exp. = 150	Imp. = 100	400	400
Economia B	0	320	Imp. = 150	Exp. = 100	150	220

b) Uma vez que se está no âmbito da teoria Clássica, as fronteiras de possibilidades de produção e de possibilidades de consumo são representáveis por segmentos de reta. Recorde-se que a expressão analítica de uma reta pode ser apresentada na sua forma reduzida, isto é:

$y = mx + b$,

em que:

→ *m* representa o declive em relação ao eixo dos xx [$m = (y_2 - y_1)/(x_2 - x_1)$]; neste caso, *m* é negativo; e

→ *b* representa a ordenada na origem.

Tenha-se ainda em conta que a fronteira de possibilidades de produção (FPP) não se altera com a abertura ao comércio (só há alterações nas fronteiras de possibilidades de produção quando a dotação de fatores produtivos se altera e/ou se alteram as tecnologias utilizadas).

Na situação de autarcia, a fronteira de possibilidades de consumo (FPC) coincide com a fronteira de possibilidades de produção.

Tem-se, então:

Expressões analíticas das FPP e FPC*

		Economia A	Economia B
FPP	Autarcia	$Y = mX + b$ $Y = -(Px/Py)^A X$ + Prod. máx. de Y em A $Y = -(2/3)X + 2000/3$	$Y = mX + b$ $Y = -(Px/Py)^B X$ + Prod. máx. de Y em B $Y = -(4/5)X + 320$
	Comércio	$Y = mX + b$ $Y = -(Px/Py)^A X$ + Prod. máx. de Y em A $Y = -(2/3)X + 2000/3$	$Y = mX + b$ $Y = -(Px/Py)^B X$ + Prod. máx. de Y em B $Y = -(4/5)X + 320$
FPC	Autarcia	$Y = mX + b$ $Y = -(Px/Py)^A X$ + Cons. máx. de Y em A $Y = -(2/3)X + 2000/3$	$Y = mX + b$ $Y = -(Px/Py)^B X$ + Cons. máx. de Y em B $Y = -(4/5)X + 320$
	Comércio	$Y = mX + b$ $Y = -(Px/Py)^{Int} X$ + Cons. máx. de Y em A $Y = -(2/3)X + (300+550 \cdot 2/3)$ $Y = -0,67X + 666,67$	$Y = mX + b$ $Y = -(Px/Py)^{Int} X$ + Cons. máx. de Y em B $Y = -(2/3)X + (220 + 150 \cdot 2/3)$ $Y = -0,67X + 320$

*FPP: Fonteira de Possibilidades de Produção; FPC: Fronteira de Possibilidades de Consumo

3. Considere a economia A e o Resto do Mundo, de igual dimensão, produzindo dois bens, X e Y, com um único fator produtivo (trabalho). As funções de produção são as seguintes:

$$Qx^A = Lx/30 \qquad Qy^A = Ly/50$$

$$Qx^{RM} = Lx/20 \qquad Qy^{RM} = Ly/70$$

A dotação mundial em trabalho (L) é de 40 000 unidades. Qx e Qy representam as quantidades produzidas dos bens X e Y, respetivamente, em milhões de toneladas.

a) Em autarcia, na economia A, utilizam-se 10 000 unidades de trabalho para produzir o bem X, e no Resto do Mundo, também em autarcia, são consumidas 114 milhões de toneladas de Y. Determine a produção mundial de X e de Y.

b) Determine e interprete o custo de oportunidade do bem X na economia A e no Resto do Mundo. No caso de a economia A decidir liberalizar o seu comércio, em que bem se deve especializar?

Resolução

a) Dado que as economias são de igual dimensão, pode-se assumir que cada uma delas dispõe de 20 000 unidades de trabalho (40 000/2). A economia A utiliza 10 000 unidades de trabalho (metade da sua dotação) na produção do bem X, pelo que, de acordo com a respetiva função de produção ($Qx^A = Lx/30$), obtém uma produção de cerca de 333,3 milhões de toneladas (10 000/30). Na produção do bem Y são utilizadas 10 000 unidades de trabalho, ou seja, as restantes (20 000 – 10 000), que, de acordo com a função de produção ($Qy^A = Ly/50$), permitem obter 200 milhões de toneladas deste bem.

Em relação ao Resto do Mundo, sabe-se que consome 114 milhões de toneladas de Y e, como está numa situação de autarcia, este será o seu nível de produção. Para produzir esta quantidade de Y, e de acordo com a respetiva função de produção, são necessárias 7980 unidades de trabalho ($Qy^{RM} = Ly/70 \Leftrightarrow Ly = 70 \cdot Qy^{RM} \Leftrightarrow Ly = 70 \cdot 114$). Restam 12 020 (20 000 – 7980) unidades de trabalho para a produção de X, o que permite obter 601 milhões de toneladas deste bem (12 020/20). Deste modo, a produção mundial (Qi^M) será a soma do que se produz na economia A com o que se produz no Resto do Mundo, ou seja:

$Qx^M = Qx^A + Qx^{RM} = 333{,}3 + 601 = 934{,}3$ (milhões de toneladas);

$Qy^M = Qy^A + Qy^{RM} = 200 + 114 = 314$ (milhões de toneladas).

b) Pode-se começar por determinar as expressões analíticas das fronteiras de possibilidades de produção de ambas as economias a partir das funções de produção e da dotação fatorial. Em qualquer dos casos, para se estar num ponto da fronteira de possibilidades de produção, as quantidades produzidas de X e de Y devem ser tais que esgotam os recursos disponíveis (pleno emprego de fatores), os quais, como decorre do enunciado, ascendem a 20 000 unidades em cada uma das economias.

Designando por Li a quantidade de trabalho utilizada na indústria do bem i, tem-se:

Economia A:

$Lx^A + Ly^A = 20\,000$;

$30Qx^A + 50Qy^A = 20\,000$ (recorrendo às funções de produção);

$Qy^A = 400 - (3/5)Qx^A$.

Resto do Mundo:

$Lx^{RM} + Ly^{RM} = 20\,000$;

$20Qx^{RM} + 70Qy^{RM} = 20\,000$ (recorrendo às funções de produção);

$Qy^{RM} = 20\,000/70 - (2/7)Qx^{RM}$.

O custo de oportunidade é dado pela inclinação da fronteira de possibilidades de produção, ou seja, por dQy/dQx (derivada de Qy em relação a Qx) se se tratar do custo de oportunidade de X em relação a Y e por dQx/dQy se se tratar do custo de oportunidade de Y em relação a X. Ora, verifica-se que o custo de oportunidade do bem X na economia A é 0,6 (3/5) e no Resto do Mundo é sensivelmente 0,3 (2/7). Estes valores significam que, na hipótese de plena utilização do fator trabalho (o ponto de produção situa-se sobre a fronteira de possibilidades de produção), um aumento da produção do bem X em 1 milhão de toneladas exige uma diminuição na produção do bem Y no montante de 0,6 milhões de toneladas na economia A e de 0,3 milhões de toneladas no Resto do Mundo. Verifica-se, por isso, que é mais fácil aumentar a produção de X no Resto do Mundo do que na economia A, pois o sacrifício em termos do bem Y é menor. Deste modo, o Resto do Mundo deve especializar-se na produção de X, pelo que a economia A deve especializar-se no bem Y.

4. No quadro do modelo de base de Ricardo, considere as seguintes expressões analíticas das fronteiras de possibilidades de produção dos países A e B:

$$\text{País A: } Qy = 20 - 2\,Qx;$$

$$\text{País B: } Qy = 30 - 4\,Qx.$$

Se, após a abertura ao comércio, o preço relativo internacional de Y for (Py/Px) = 0,25 unidades de X, explique como se repartem os ganhos do comércio.

Resolução

País A: COx,y = 2 unidades de Y/1 de X.

País B: COy,x = 0,25 unidades de X/1 de Y.

Padrão das vantagens comparativas: (COx,y)A = 2 < (COx,y)B = 4, logo, A tem vantagem comparativa em X e B tem vantagem comparativa em Y.

$(Px/Py)^{Int}$ = 4 unidades de Y/1 de X.

Neste caso, o preço relativo internacional é igual ao preço relativo autárcico do país B (o país Grande), indo todos os ganhos do comércio, em equilíbrio internacional, para o país A (país Pequeno).

5. Considere o modelo de Ricardo com dois países, A e B, e dois bens, 1 e 2, e comente a seguinte afirmação: "Se, face ao país B, o país A tiver o dobro da produtividade no bem 1 e também o dobro da produtividade no bem 2, então o país A não terá vantagem em estabelecer comércio com o país B".

Resolução

Tenha-se em atenção que Px/Py = Produtividade em Y / Produtividade em X.

$(Px/Py)^A$ = 2 x produtividade de Y em B / 2 x produtividade de X em B = Produtividade de Y em B / Produtividade de X em B = $(Px/Py)^B$.

Conclui-se que as produtividades relativas são iguais nos 2 países, não se verificando a condição necessária para a existência de vantagem comparativa.

6. Num mundo Ricardiano de dois países, as produções máximas dos bens X e Y são as seguintes:

	Bem X	Bem Y
País A	250	125
País B	300	360

O país A dispõe de 500 horas de trabalho e o país B de 1800 horas de trabalho, cuja afetação é a seguinte:

	Bem X	Bem Y
País A	200	300
País B	1560	240

a) Determine o ponto de equilíbrio no consumo em autarcia nos dois países.
b) Como se repartem os ganhos com o comércio internacional?
c) Sabendo que, após a especialização, o país A consome 125 unidades de X e o país B consome 260 unidades deste mesmo bem, calcule os novos pontos de equilíbrio na produção e no consumo.

Resolução

a) Recorrendo ao quadro das produções máximas e às dotações fatoriais em trabalho, podem-se calcular os custos unitários em horas de trabalho. Por exemplo, o país A pode produzir no máximo 250 unidades de X se utilizar na totalidade as 500 horas de trabalho que tem ao seu dispor. Isto significa que cada unidade de X "gasta" 2 horas de trabalho (500/250). Assim, pode-se construir a seguinte matriz dos custos unitários:

	Bem X	Bem Y
País A	2	4
País B	6	5

Uma vez que se está a considerar um "mundo Ricardiano", admite-se que estes custos se mantêm qualquer que seja o nível de produção. Ora, se o país A afeta 200 horas de trabalho à produção de X, poderá produzir 100 unidades de X (200/2), e assim sucessivamente, obtendo-se o seguinte quadro das produções (ou do consumo, uma vez que em autarcia o consumo é igual à produção):

	Bem X	Bem Y
País A	100	75
País B	260	48

b) A repartição dos ganhos depende do nível a que se fixar o preço relativo internacional. Quanto mais este preço se afastar do preço relativo autárcico, mais o país ganha. Neste exemplo concreto, é de esperar que os ganhos revertam fundamentalmente a favor do país A porque, atendendo às dotações de trabalho, pode-se admitir que se trata de uma economia Pequena em relação à economia B. No caso extremo, pode-se admitir a hipótese de o preço de equilíbrio internacional coincidir com o preço relativo autárcico do país B (país Grande), situação em que os ganhos do comércio reverteriam integralmente para o país A (país Pequeno).

c) Vamos começar por determinar o padrão de especialização. De acordo com os custos unitários calculados na alínea a), verifica-se que, na situação de autarcia, o preço relativo de X em A é 1/2 (2/4) e em B é 6/5. Deste modo, tem-se a seguinte situação:

$$(Px/Py)^A = 1/2 < (Px/Py)^B = 6/5.$$

Ou seja, o país A tem vantagem comparativa na produção do bem X (exporta X) e o país B tem vantagem comparativa na produção do bem Y (exporta Y).

Seguidamente, é necessário colocar uma hipótese para o preço de equilíbrio no mercado internacional. Pode-se admitir a situação extrema da alínea b), isto é, considerar o preço de equilíbrio autárcico do país B. O país A especializar-se-á completamente na produção de X, produzindo 250 unidades que afetará a consumo próprio (125 unidades) e a exportação (250 − 125 = 125 unidades). Em troca destas 125 unidades exportadas, receberá 150 unidades de Y (125 · 6/5). No país A tem-se, agora, os seguintes pontos de produção e de consumo:

	Bem X	Bem Y
Produção	250	0
Consumo	125	150

O país B especializar-se-á na produção de Y, mas ocorre, agora, um caso particular da teoria Clássica das vantagens comparativas: não pode haver especialização total. Se o país B se especializasse totalmente na produção de Y, apenas poderia consumir de X o que importasse de A: 125 unidades e não 260 unidades. Deste modo, para poder satisfazer as suas necessidades de consumo ao nível do bem X, o país B vai ter de produzir 135 unidades de X. Esta produção absorve-lhe 810 horas de trabalho (135 · 6). Deste modo, ele apenas pode produzir 198 unidades de Y (990/5). Destas, exporta 150 unidades para o país A, pelo que apenas pode consumir 48 unidades. Deste modo, temos os seguintes pontos de produção e de consumo para o país B:

	Bem X	Bem Y
Produção	135	198
Consumo	260*	48

* 125 unidades importadas de A mais 135 unidades produzidas internamente.

Este é um caso em que temos dois países de dimensão muito diferente. Além do impacto que isto vai ter sobre a determinação do nível de preços no mercado internacional, não estão criadas as condições para haver especialização total em ambos os países. As necessidades de consumo de um país excedem a própria capacidade produtiva do outro país.

7. No modelo Clássico, a lei do Valor-Trabalho permite identificar a relação de troca em autarcia e em economia aberta. Comente.

Resolução

A lei do Valor-Trabalho só permite identificar a relação de troca em autarcia. Dada a hipótese de custos de oportunidade constantes, em cada uma das economias a relação de autarcia dispensa a informação sobre a procura. Em economia aberta é necessário conhecer a procura em cada economia para se identificar os montantes transacionados e o preço determina-se pela lei da oferta e da procura.

8. "O modelo Ricardiano do comércio pressupõe que cada país tem uma dotação fixa de trabalho que está totalmente utilizada quer em autarcia quer em economia aberta. O modelo pressupõe igualmente que a tecnologia não se altera com a abertura ao comércio. Daqui decorre que a economia mundial não pode produzir um *output* em economia aberta superior ao produzido em autarcia." Comente.

Resolução

Sendo certo que o modelo Ricardiano pressupõe que cada país tem uma dotação fixa de trabalho que está totalmente utilizada quer em autarcia quer em economia aberta e que a tecnologia não se altera com a abertura ao comércio, como se afirma no enunciado da questão, o mérito deste modelo reside precisamente em mostrar que, mesmo assim, a produção mundial pode aumentar com a abertura ao comércio. Este aumento não é explicado nem pelo aumento da dotação de fatores nem por progresso técnico, mas antes pelo facto de a especialização permitir utilizar o recurso produtivo existente de uma forma relativamente mais eficiente. Ou seja, é pelo facto de cada país abandonar a produção do bem que produz em piores condições relativas e concentrar todos os recursos na produção do bem que produz em melhores condições relativas, que a produção mundial pode aumentar quando os países se abrem ao comércio.

9. Um país Grande que comercialize com um país Pequeno não ganha com o comércio e, por isso, é preferível permanecer em autarcia. Comente.

Resolução

Trata-se de uma análise estática que compara dois pontos de equilíbrio – em autarcia e em economia aberta – e é na situação de equilíbrio que não se registam ganhos para a economia Grande. O que desencadeia a abertura ao comércio é a existência de ganhos imediatos decorrentes da especialização nas trocas com a saída da situação de autarcia. A abertura ao comércio pode proporcionar, no entanto, outro tipo de ganhos que não são explicados por este modelo, como a exploração de economias de escala.

10. No quadro seguinte é apresentado o número de dias de trabalho necessário para produzir 1 unidade de cada um dos bens considerados (computadores e trigo) em França e na Alemanha:

	Computadores	Trigo
França	100 dias	4 dias
Alemanha	60 dias	3 dias

a) Calcule os preços relativos de autarcia.
b) Que país detém vantagem comparativa em computadores? Explique porquê. Que país detém vantagem comparativa em trigo? Explique porquê.
c) Se os termos de troca forem 1 computador por 22 unidades de trigo, quantos dias de trabalho poupa a França por cada unidade do seu bem de importação no caso de se abrir ao comércio? E a Alemanha?
d) Se os termos de troca forem 1 computador por 24 unidades de trigo, quantos dias de trabalho poupam a França e a Alemanha por cada unidade do seu bem de importação?
e) Tendo em atenção os resultados das alíneas c) e d), o que se pode dizer acerca da distribuição dos ganhos de comércio entre a França e a Alemanha?

Resolução

a) Seja PR_i^{α} o preço relativo do bem i no país α.

$PR_c^F = 100/4 = 25 \Rightarrow PR_t^F = 4/100 = 1/25.$

$PR_c^A = 60/3 = 20 \Rightarrow PR_t^A = 3/60 = 1/20.$

b) A França tem vantagem comparativa na produção de trigo porque produz este bem a preços relativos mais baixos ($PR_t^F = 1/25 < PR_t^A = 1/20$). Consequentemente, a Alemanha tem vantagem comparativa na produção de computadores ($PR_c^A = 20 < PR_c^F = 25$). A França exporta trigo e importa computadores; a Alemanha exporta computadores e importa trigo.

c) Seja PR_i^{Int} o preço relativo do bem i no mercado internacional.

Hipótese: $PR_c^{Int} = 22$.

Em autarcia, para produzir 1 unidade de computadores, a França necessita de 100 dias. Em comércio, ela necessita de produzir 22 unidades de trigo para adquirir 1 computador. A produção de 22 unidades de trigo custa $4 \cdot 22 = 88$ dias. Com o comércio, a França poupa $100 - 88 = 12$ dias de trabalho por cada unidade do seu bem de importação (computadores).

Em autarcia, para produzir 1 unidade de trigo, a Alemanha necessita de 3 dias. Em comércio, ela necessita de produzir 1/22 unidades de computadores para adquirir 1 unidade de trigo. A produção de 1/22 unidades de computadores custa $60/22 = 2{,}73$ dias. Com o comércio, a Alemanha poupa $3 - 2{,}73 = 0{,}27$ dias de trabalho por cada unidade do seu bem de importação (trigo).

d)

Hipótese: $PR_c^{Int} = 24$.

Em autarcia, para produzir 1 unidade de computadores, a França necessita de 100 dias. Em comércio, ela necessita de produzir 24 unidades de trigo para adquirir 1 computador. A produção de 24 unidades de trigo custa $4 \cdot 24 = 96$ dias. Com o comércio, a França poupa $100 - 96 = 4$ dias de trabalho por cada unidade do seu bem de importação (computadores).

Em autarcia, para produzir 1 unidade de trigo, a Alemanha necessita de 3 dias. Em comércio, ela necessita de produzir 1/24 unidades de computadores para adquirir 1 unidade de trigo. A produção de 1/24 unidades de computadores custa $60/24 = 2{,}5$ dias. Com o comércio, a Alemanha poupa $3 - 2{,}5 = 0{,}5$ dias de trabalho por cada unidade do seu bem de importação (trigo).

e) À medida que os preços relativos no mercado internacional se aproximam dos preços relativos de autarcia em França, os benefícios são maiores para a Alemanha (0,5 dias > 0,27 dias) e menores para a França (4 dias < 12 dias).

11. Considere uma economia Pequena produtora dos bens X e Y e com um único fator de produção (L) avaliado em 10 000 unidades. As funções de produção de X e de Y são, respetivamente:

$$Qx = 1/50 \cdot Lx;$$
$$Qy = 1/20 \cdot Ly.$$

a) Represente graficamente a curva de possibilidades de produção.

b) Supondo que o consumo de X, em autarcia, é de 80 unidades, determine o consumo de Y.

c) Se o preço de equilíbrio internacional do bem X for Px/Py = 2/3 e a abertura ao comércio não alterar o consumo de X, qual o montante de importações e de exportações deste país? Justifique.

Resolução

a) Antes da representação gráfica, pode-se começar por determinar a expressão analítica da fronteira de possibilidades de produção (FPP). Para tal, recorre-se às funções de produção e à dotação fatorial. Uma das características dos pontos que estão sobre a fronteira de possibilidades de produção é que eles correspondem à plena utilização do fator produtivo. Deste modo, tem-se em qualquer ponto da fronteira:

$$Lx + Ly = 10\,000;$$
$$50Qx + 20Qy = 10\,000 \text{ (pelas funções de produção)};$$
$$Qy = 500 - (5/2)Qx \text{ (expressão analítica da FPP)}.$$

Representação gráfica:

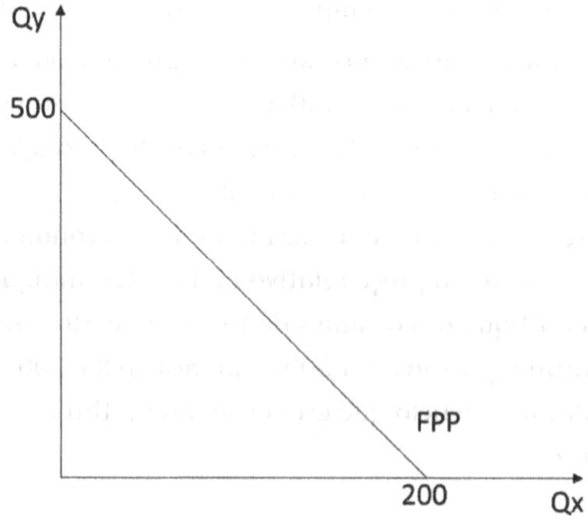

b) Numa situação de autarcia, tem-se o consumo igual à produção, qualquer que seja o bem. A partir da expressão analítica da FPP a que se chegou na alínea anterior, pode-se calcular a quantidade consumida de Y (Cy):

$$Cy = Qy = 500 - (5/2)\,Qx;$$
$$Cy = 500 - (5/2) \cdot 80;$$
$$Cy = 300.$$

c) Em primeiro lugar, determina-se qual o bem em que esta economia Pequena se vai especializar. Verifica-se, através da expressão analítica da FPP, que o preço relativo de X em autarcia é 5/2 (-dQy/dQx – simétrico da derivada de Qy em relação a Qx). Por outro lado, é dito que o preço relativo de X no mercado internacional é 2/3. Deste modo, tem-se a seguinte situação:

$$(Px/Py)^{Int} = 2/3 < (Px/Py) = 5/2.$$

O preço relativo de X é mais baixo no mercado internacional. De acordo com a teoria das vantagens comparativas, a economia deve especializar-se na produção do bem Y. Em termos dos fluxos de comércio está-se, portanto, em presença de uma economia que exporta o bem Y e importa o bem X.

Na situação de livre comércio, a economia continua a consumir a mesma quantidade de X, isto é, 80 unidades, que serão importadas na sua totalidade. Por cada unidade de X, a economia terá de entregar 2/3 unidades de Y. Deste modo, pelas 80 unidades importadas, a economia deve pagar (exportar) $80 \cdot 2/3 = 53{,}3$ unidades de Y.

12. Uma economia Pequena produz com custos invariáveis os bens X e Y, em condições de concorrência perfeita e pleno emprego dos fatores de produção.

a) Supondo a economia num estado estacionário próximo da autarcia, produzindo e consumindo 250 unidades de X e 150 de Y, com uma razão de troca entre os dois bens igual a 1, avalie as capacidades máximas de produção de que a economia dispõe para cada bem. Ilustre graficamente.

b) Supondo que se verifica uma abertura total desta economia ao comércio internacional, onde vigora um preço relativo Py/Px = 1,5, indique as vantagens comparativas e quantifique as correntes de troca, sabendo que após a abertura ao comércio o consumo passou a ser 300 unidades de X e 200 unidades de Y.

c) Em que se traduz o benefício que esta economia retira do facto de ser uma economia Pequena?

Resolução

a) Como os custos de oportunidade são invariáveis, a fronteira de possibilidades de produção da economia em causa é uma reta, cujo declive é dado pela razão de troca entre os dois bens em situação de isolamento. Neste caso, o declive é -1, porque Px/Py = 1. Uma vez que existe pleno emprego de fatores, o ponto de produção (X = 250; Y = 150) está sobre a fronteira de possibilidades de produção. Pode-se, com esta informação, encontrar a expressão analítica desta curva, dado que são conhecidos dois elementos, o declive e um ponto:

$$Y = a + bX, \text{ com } b = -1.$$

(X e Y representam as quantidades produzidas de X e de Y, respetivamente.)

$$150 = a - 1 \cdot 250;$$
$$a = 150 + 250;$$
$$a = 400.$$

Pelo que se tem, finalmente,

$$Y = 400 - X.$$

Está-se, agora, em condições de calcular as quantidades máximas de produção para cada um dos bens:

Bem X: 400 unidades (não produz Y);
Bem Y: 400 unidades (não produz X).

Passando à representação gráfica:

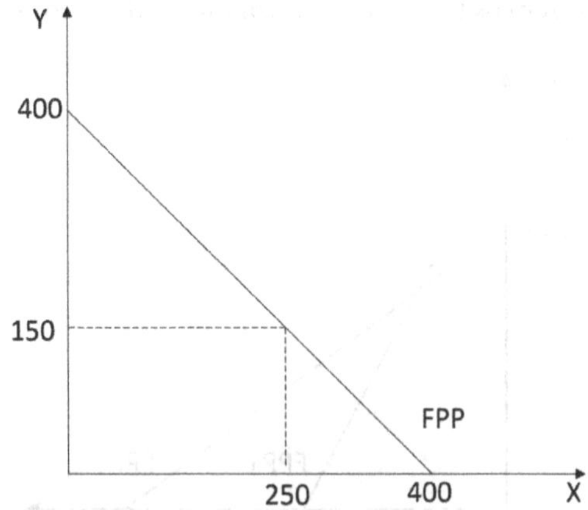

b) Sendo o preço relativo internacional Py/Px = 1,5, tem-se que o preço relativo de Y no mercado internacional é superior ao preço relativo desse bem no mercado interno, em isolamento, levando a abertura ao mercado externo a uma especialização da economia em causa na produção de Y. Na medida em que os custos de oportunidade são constantes, a economia maximizará os ganhos com a especialização total na produção de Y. Depois de uma abertura ao exterior, a economia produzirá 400 unidades de Y e 0 unidades de X. Na medida em que passa a consumir 200 unidades de Y, ela vai exportar 200 unidades desse produto ao preço relativo de Py/Px = 1,5, o que lhe permite obter, em troca das 200 unidades de Y exportadas, 300 unidades de X ($1{,}5 \cdot 200 = 300$).

c) Sendo a economia considerada uma economia Pequena, as forças que se manifestam no mercado interno são consideradas irrelevantes ao nível do mercado internacional, não influenciando a determinação do preço internacional. Consequentemente, existe uma maior possibilidade de se encontrar no mercado internacional um preço relativo de equilíbrio bastante diferente do preço de equilíbrio em isolamento, permitindo à economia em causa uma forte valorização do seu produto exportável e, consequentemente, da produção interna.

Num modelo de dois países, traduzindo a relação entre um país Pequeno e um país Grande, temos que o preço internacional refletirá, na situação de equilíbrio, as forças do mercado que se manifestam no país Grande, sendo, desta forma, na prática, muito semelhante ao preço de equilíbrio em isolamento nesse país. Tal ocorrência leva a que os ganhos se concentrem no país Pequeno (a "importância de se ser pequeno").

13. No quadro das hipóteses do modelo Ricardiano, considere dois países, A e B, que em autarcia produzem os bens X e Y nas condições descritas pelo gráfico seguinte:

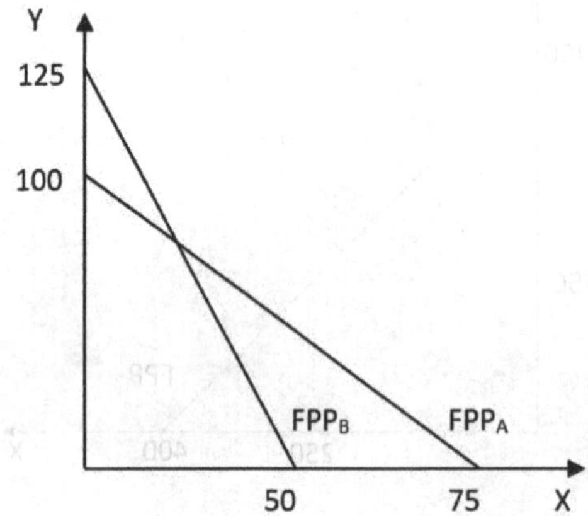

a) Apresente, justificando, o padrão de vantagens comparativas de cada país.
b) Suponha que estes países decidem estabelecer relações comerciais entre si e que no mercado internacional se trocam 2,5 unidades de Y por 1 de X. Analise, justificando a resposta, como se repartem os ganhos de comércio.

Resolução

a) O país i terá vantagem comparativa no bem X, face ao país j, se $(Px/Py)^i < (Px/Py)^j$.

$(Px/Py)^A = 100/75 = 1{,}33(3)$;

$(Px/Py)^B = 125/50 = 2{,}5$;

$(Px/Py)^A < (Px/Py)^B$.

Conclusão: O país A tem vantagem comparativa no bem X e o país B no bem Y.

b) $(Px/Py)^{Int} = 2{,}5$.

Neste caso tem-se $(Px/Py)^{Int} = (Px/Py)^B$, pelo que os ganhos de comércio revertem todos para o país A.

14. Considere a seguinte matriz de custos unitários:

Países	Bens	
	Sapatos	Vinho
França	6h	4h
EUA	8h	4h

a) Indique o padrão de comércio de cada país segundo a lei das vantagens comparativas.

b) Se os salários em França e nos EUA forem, respetivamente, 4 euros por hora e 3,5 dólares por hora e a taxa de câmbio for 1 dólar/1 euro, indique:

b1) Os limites para a taxa de salário em cada país.

b2) Os limites para a taxa de câmbio.

Resolução

a)

$(Ps/Pv)^F$ = 1,50 unidades de vestuário/ 1 sapatos.

$(Ps/Pv)^{EUA}$ = 2 unidades de vestuário/1 sapatos.

Como os preços autárcicos são diferentes nos 2 países, é possível definir o padrão das vantagens comparativas e, por isso, existe uma base para o comércio. Ao entrarem em comércio, vai formar-se um preço relativo internacional para os sapatos, $(Ps/Pv)^{Int}$, compreendido entre os preços relativos autárcicos, de tal forma que temos:

$$(Ps/Pv)^F = 1{,}50 < (Ps/Pv)^{Int} < (Ps/Pv)^{EUA} = 2.$$

Desta relação decorre que a França tem vantagem comparativa nos sapatos e, após entrar em comércio, irá exportar sapatos, e os EUA têm vantagem comparativa no vinho e irão exportar vinho.

b1)

Condição de exportação em dólares para a França:

$$aj^F / aj^{EUA} < W^{EUA} / W^F \cdot e,$$

sendo *e* a taxa de câmbio, definida como o número de dólares por cada euro (cotação ao certo para a moeda da França), aj o custo unitário do bem j e W o salário.

Note-se que a condição poderia ter sido definida em euros, sendo nesse caso *e* cotada ao certo para a moeda dos EUA.

França:

$6/8 = 3{,}5/ W^F \cdot 1$, logo $W^F = 4{,}66$;

$4/4 = 3{,}5/W^F \cdot 1$, logo $W^F = 3{,}50$.

Existindo comércio, o salário da França pode variar entre 3,5 e 4,66 (excluindo estes limites, ou seja, o intervalo é aberto).

EUA:

$6/8 = W^{EUA}/4 \cdot 1$, logo $W^{EUA} = 3$;

$4/4 = W^{EUA}/4 \cdot 1$, logo $W^{EUA} = 4$.

Existindo comércio, o salário dos EUA pode variar entre 3 e 4 (o intervalo de variação é aberto).

b2)

$6/8 = 3{,}5/4 \cdot e$, logo, e (dólar/euro) = 1,67 dólares/1 euro;

$4/4 = 3{,}5/4 \cdot e$, logo, e (dólar/euro) = 0,875 dólares/1 euro.

Existindo comércio, a taxa de câmbio pode variar entre 1,167 e 0,875 dólares por 1 euro (intervalo aberto).

15. Considere duas economias, A e B, nas condições do modelo Ricardiano monetarizado e generalizado a *n* bens. Suponha que, em determinado momento, se preveem taxas de crescimento da produtividade do trabalho iguais nos dois países, mas que as centrais sindicais nacionais apresentam reivindicações diferentes. Os sindicatos do país A estão a reivindicar uma taxa de aumento salarial superior à taxa de crescimento prevista para a produtividade do fator trabalho. No país B, as centrais sindicais são mais moderadas e exigem apenas uma taxa de aumento salarial igual à taxa de crescimento prevista para a produtividade do trabalho neste país.

Discuta os efeitos que este comportamento sindical pode vir a ter no futuro sobre o padrão de comércio entre A e B, caso as associações patronais de ambos os países cedam às exigências dos sindicatos.

Resolução

Seja a condição de exportação do bem j por parte do país B, em moeda do país A, no modelo Ricardiano monetarizado e generalizado a *n* bens:

$$a_{Bj}/a_{Aj} < W_A/(W_B \cdot e),$$

em que as notações têm o significado habitual (*a* é o custo unitário do trabalho e W o salário nominal) e a taxa de câmbio (*e*) está definida ao certo para a moeda do país B.

Dado que se preveem aumentos de produtividade iguais nos dois países, os rácios a_{Bj}/a_{Aj} não irão sofrer alteração. Contudo, os salários no país A deverão crescer mais do que os salários no país B, pelo que o rácio $W_A/(W_B \cdot e)$ deve aumentar. Nestas circunstâncias, se os sindicatos de ambos os países conseguirem concretizar as suas exigências, o país A irá, provavelmente, importar mais produtos produzidos em B e exportar menos produtos para o seu parceiro comercial (perda de competitividade).

16. Suponha os países A e B, com a mesma moeda, e as indústrias aviões e lã. As produtividades do trabalho em cada uma das indústrias e em cada um dos países são apresentadas no quadro seguinte:

	Aviões	Lã
País A	6	3
País B	1	2

Diga qual a relação que deve existir entre os salários de A e B para que seja possível existir comércio entre estes países.

Resolução

Nas condições do modelo Clássico não monetarizado, o padrão de vantagens comparativas é o seguinte:

$$\left(\frac{P_{Aviões}}{P_{Lã}}\right)^A = \frac{3}{6} = 0{,}5 < \left(\frac{P_{Aviões}}{P_{Lã}}\right)^B = \frac{2}{1} = 2.$$

O país A tem vantagem comparativa na produção de aviões e o país B na produção de lã.

Condição de exportação de aviões (j) por parte do país A no modelo monetarizado (em que "*a*" é o custo unitário):

$$a_{Aj}/a_{Bj} < W_B/W_A;$$
$$(1/6)/(1/1) < W_B/W_A;$$
$$1/6 < W_B/W_A;$$
$$W_A < 6W_B.$$

O salário em A deve ser inferior a seis vezes o salário em B.

Condição de exportação de lã (j) por parte do país B no modelo monetarizado:

$$a_{Bj}/a_{Aj} < W_A/W_B;$$
$$(1/2)/(1/3) < W_A/W_B;$$
$$3/2 < W_A/W_B;$$
$$3W_B < 2W_A;$$
$$W_A > 1{,}5W_B.$$

O salário em A deve ser superior a 1,5 vezes o salário em B e inferior a 6 vezes o salário em B.

17. Considere a seguinte informação referente a dois países, A e B, com moedas *a* e *b*, respetivamente, que produzem e trocam nas condições do modelo Clássico monetarizado e generalizado a *n* bens:

	Taxa de salário	Bem 1	Bem 2	Bem 3	Bem 4	Bem 5	Bem 6
País A	2a/h	4h	2h	3h	5h	1h	6h
País B	1,5b/h	2h	3h	6h	5h	6h	4h
CTr*	-	1	1,2	0,4	0,8	0,2	0,6

* Custo unitário de transporte

A taxa de câmbio é: e = 1,1 unidades de *a* por cada unidade de *b*.

a) Determine o padrão de comércio entre os dois países considerando os custos de transporte.

b) Para que o país que exporta o bem 1 possa continuar a exportá-lo, qual o limite superior para a sua taxa de salário (o limite que, se for atingido, faz com que o bem 1 deixe de ser transacionado)?

Resolução

a) Condição de exportação do bem *j* por parte de A:

$$a_j^A/a_j^B < (W^B \cdot e)/W^A. \qquad (1)$$

A incorporação no modelo dos custos de transporte(Tr) transforma aquela condição em:

$$(a_{Aj}+Tr_j)/a_{Bj} < W_B/(W^B \cdot e), \qquad (2)$$

em que Tr_j designa os custos de transporte para o país B de uma unidade do produto j.

Análise sem custos de transporte:

$a_1^A/a_1^B = 4/2 = 2;$
$a_2^A/a_2^B = 2/3 = 0{,}67;$
$a_3^A/a_3^B = 3/6 = 0{,}5;$
$a_4^A/a_4^B = 5/5 = 1;$
$a_5^A/a_5^B = 1/6 = 0{,}17;$
$a_6^A/a_6^B = 6/4 = 1{,}5;$
$(W^B \cdot e)/W^A = (1{,}5 \cdot 1{,}1)/2 = 0{,}825.$

Conclui-se, portanto, que: A exportaria os bens 2, 3 e 5 e B exportaria os bens 1, 4 e 6 se não existissem custos de transporte.

Análise com custos de transporte:

$a_1^A/a_1^B = 4/(2+1) = 1{,}33;$
$a_2^A/a_2^B = (2+1{,}2)/3 = 1{,}07;$
$a_3^A/a_3^B = (3+0{,}4)/6 = 0{,}57;$
$a_4^A/a_4^B = 5/(5+0{,}8) = 0{,}86;$
$a_5^A/a_5^B = (1+0{,}2)/6 = 0{,}2;$
$a_6^A/a_6^B = 6/(4+0{,}6) = 1{,}3;$
$(W^B \cdot e)/W^A = (1{,}5 \cdot 1{,}1)/2 = 0{,}825.$

Conclui-se, portanto, que, com custos de transporte: A exporta os bens 3 e 5; B exporta os bens 1, 4 e 6. O bem 2 não tem condições para ser transacionado.

b)

O bem 1 é exportado por B, pelo que se tem:

$$(a_1^B+Tr)/a_1^A < W^A/(W^B \cdot e).$$

Se o salário em B for tal que $(a_1^B+Tr)/a_1^A = W^A/(W^B \cdot e)$, então B deixa de exportar o bem 1.

$$(a_1^B+Tr)/a_1^A = W^A/(W^B \cdot e);$$
$$(2+1)/4 = 2/(W^B \cdot 1{,}1);$$
$$3{,}3 \cdot W^B = 8;$$
$$W^B = 2{,}42b/h \text{ (valor limite)}.$$

18. Considere que os dados do quadro seguinte dizem respeito às situações de autarcia das economias A e B, que produzem os bens X e Y nas condições do modelo Clássico:

	Moeda	Salário horário	Produtividade na indústria do bem X	Produtividade na indústria do bem Y
Economia A	a	2 unidades de a	2	5
Economia B	b	4 unidades de b	6	8
Taxa de câmbio	1 unidade de b vale 0,5 unidades de a (cotação ao certo para b)			

Diga qual o valor para taxa de câmbio (*e*) abaixo do qual a economia A não tem condições para exportar o bem X.

Resolução

Recorrendo à condição de exportação do bem X por parte da economia A:

$$(1/2)/(1/6) < (4 \cdot e_{ab})/2;$$
$$3 < (4 \cdot e_{ab})/2;$$
$$6 < 4 \cdot e_{ab}.$$

Se $e_{ab} > 6/4 = 1{,}5$, a economia A tem condições para exportar X.
Se $e_{ab} \leq 6/4 = 1{,}5$, a economia A não tem condições para exportar X.

19. No modelo de Ricardo generalizado a n bens e 2 países, a introdução dos custos de transporte pode levar a que um ou mais bens deixem de ser exportados por um país e passem a ser exportados pelo outro país. Comente.

Resolução

Falso. Se o preço de exportação com custos de transporte se tornar superior ao preço no mercado interno do país de destino, o bem passa a não comercializável, e não será importado, pois o país "exportador" mantém a vantagem comparativa no bem.

20. No âmbito do modelo Clássico das vantagens comparativas será de esperar que o cimento seja um produto com elevada propensão para ser transacionado no mercado internacional? Justifique.

Resolução

O cimento é um produto com elevados custos de transporte quando comparados com o seu valor. Assim, para este produto, tendo em consideração a condição para que um bem com custos de transporte seja exportado, é razoável admitir que o cimento seja um produto com pouca propensão para ser transacionado no mercado internacional.

CAPÍTULO 2
TEORIA NEOCLÁSSICA DO COMÉRCIO

TÓPICOS

Conceitos a utilizar
- **Diferenças ao nível das hipóteses entre o modelo Clássico e o modelo Neoclássico**
- **Teoria do comportamento do consumidor**
- **Teoria da produção**

Ganhos de comércio na teoria Neoclássica
- **Equilíbrio autárcico**
- **Equilíbrio internacional**
- **O mapa das curvas de indiferença como instrumento para análise das alterações de bem-estar: hipóteses relevantes**
- **Ganhos de comércio: ganhos (puros) da troca e ganhos de especialização**

Curvas de procura recíproca
Crescimento Empobrecedor

A. Escolha múltipla

1. A teoria Neoclássica de comércio internacional visa dar resposta à seguinte limitação do modelo Clássico:

a) Só incluir um fator produtivo.
b) Não incluir o lado da procura.
c) Considerar custos de oportunidade constantes.
d) Qualquer uma das alíneas anteriores.

2. Se um país tem uma fronteira de possibilidades de produção côncava em relação à origem, então

a) existem externalidades na produção.
b) a taxa marginal de transformação na produção é decrescente.
c) os custos de oportunidade são crescentes.
d) a taxa marginal de substituição no consumo é crescente.

3. Se a taxa marginal de substituição no consumo de Y por X é superior ao preço relativo do bem X, então,

a) aumenta o consumo de Y.
b) aumenta o consumo de X.
c) aumenta o consumo de X e de Y.
d) diminui o consumo de X e de Y.

4. No ponto A da seguinte ilustração gráfica, a taxa marginal de transformação na produção de Y em X é _______ taxa marginal de substituição no consumo de Y por X.

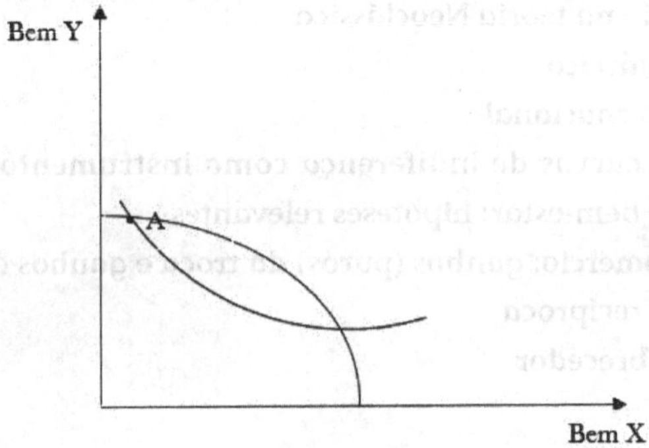

a) menor do que a
b) igual à
c) maior do que a
d) o inverso da

5. No âmbito do modelo Neoclássico, num país que passe de uma situação de autarcia para uma situação de livre comércio e exporte o bem A, o custo de oportunidade do bem A irá

a) diminuir.

b) aumentar.
c) manter-se.
d) diminuir ou aumentar.

6. No modelo Neoclássico, poderá não existir comércio entre dois países de dimensão semelhante no seguinte contexto:
a) As fronteiras de possibilidades de produção são iguais e os gostos dos consumidores diferentes.
b) As fronteiras de possibilidades de produção são diferentes e gostos dos consumidores iguais.
c) As fronteiras de possibilidades de produção e os gostos dos consumidores são diferentes.
d) Nenhuma das anteriores alíneas é verdadeira.

7. No modelo Neoclássico, a condição de equilíbrio em autarcia é dada por
a) custo de oportunidade do bem X igual ao custo de oportunidade do bem Y.
b) custo de oportunidade do bem X igual à taxa marginal de substituição no consumo de X por Y.
c) custo de oportunidade do bem X igual à taxa marginal de substituição no consumo de Y por X.
d) custo de oportunidade do bem X igual ao inverso do custo de oportunidade do bem Y.

8. Se em autarcia o custo de oportunidade do bem X for superior ao preço relativo de X no mercado internacional, então, com a abertura ao comércio,
a) aumenta a produção de X.
b) diminui a produção de Y.
c) diminui a produção de X.
d) diminui a produção de X e de Y.

9. No modelo Neoclássico de comércio, o movimento de um país de autarcia em direção ao comércio livre geralmente resulta na especialização______ na produção, _____ no modelo Clássico
a) completa; o que difere do que acontece
b) completa; da mesma forma que

c) parcial; o que difere do que acontece
d) parcial; da mesma forma que

10. Seja o seguinte gráfico que mostra a fronteira de possibilidades de produção do país A (FPP_A) e a fronteira de possibilidades de produção do país B (FPP_B).

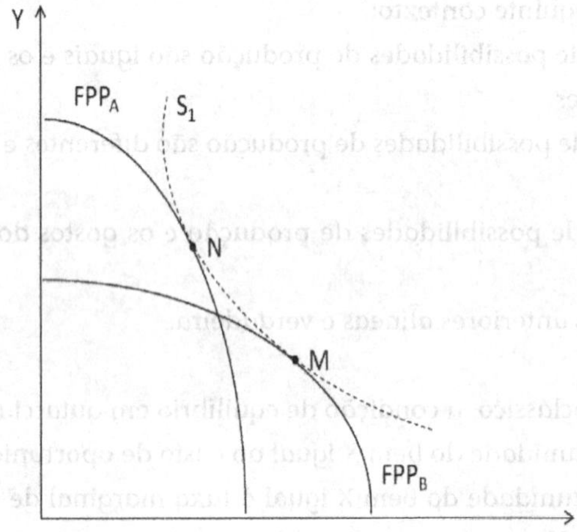

Assumindo que os dois países têm o mesmo nível de bem-estar em autarcia (S_1) e as mesmas preferências, podemos afirmar que:

a) Se os países se abrirem ao comércio, o ponto de produção no país A deslocar-se-á para baixo e para a direita do ponto N.
b) Mesmo que os países se abram ao comércio, nenhum deles terá incentivos a comercializar.
c) Se os países se abrirem ao comércio, o país A irá exportar o bem Y.
d) A razão de preços de autarcia (Px/Py) é maior no país B do que no país A.

11. Considere a situação ilustrada pelo gráfico seguinte numa situação de autarcia:

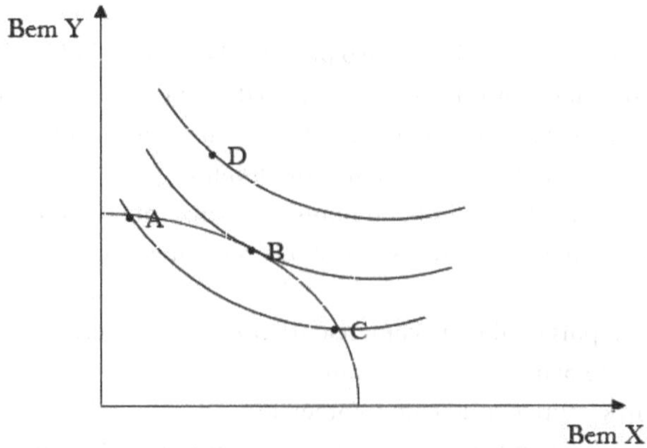

11.1. Se o país tiver vantagem comparativa na produção do bem X, então o ponto que corresponde ao equilíbrio na produção após a abertura ao comércio, assumindo que as preferências dos consumidores se mantêm, poderá ser o ponto:

a) A.
b) C.
c) B.
d) D.

11.2. Assuma que esta economia se abre ao comércio internacional e que a distribuição do rendimento se pode alterar. Neste contexto,

a) o ponto de equilíbrio no consumo pode ser D.
b) o ponto de equilíbrio no consumo pode ser B.
c) o ponto de equilíbrio no consumo pode ser C.
d) todas as alíneas anteriores são verdadeiras.

12. Se dois países têm fronteiras de possibilidades de produção idênticas e mapas de indiferença distintos, é possível que cada país ganhe com o comércio

a) no modelo Clássico, mas não no modelo Neoclássico.
b) no modelo Neoclássico, mas não no modelo Clássico.
c) no modelo Clássico e no modelo Neoclássico.
d) nem no modelo Clássico, nem no modelo Neoclássico.

13. Quando uma economia inicia um processo de especialização com a abertura ao comércio,

a) o preço do bem exportado sobe e o preço do bem importado desce.
b) o preço do bem exportado desce e o preço do bem importado sobe.
c) o preço do bem exportado pode manter-se constante ou subir e o preço do bem importado pode manter-se constante ou diminuir.
d) o preço do bem exportado pode manter-se constante ou diminuir e o preço do bem importado pode manter-se constante ou aumentar.

14. Quando um país se abre ao comércio no contexto da teoria Neoclássica,

a) o consumo do bem exportado diminui.
b) o país nem sempre ganha com o comércio.
c) os termos de troca internacional que se formam são indeterminados.
d) o bem-estar aumenta desde que a fronteira de possibilidades de produção se altere.

15. O ganho puro da troca é

a) o ganho de bem-estar decorrente da abertura ao comércio.
b) o ganho de bem-estar decorrente do comportamento dos produtores face à alteração de preços relativos num processo de abertura ao comércio.
c) o ganho que um país obtém quando melhoram os seus termos de troca.
d) o ganho de bem-estar decorrente do comportamento dos consumidores face à alteração de preços relativos num processo de abertura ao comércio.

16. O ganho de especialização é

a) o ganho de bem-estar resultante de uma melhoria do rendimento derivada da especialização segundo a vantagem comparativa.
b) o ganho dos produtores do bem exportado.
c) o ganho total de bem-estar que resulta da abertura ao comércio.
d) um ganho imediato decorrente da alteração dos preços internacionais.

17. Quando uma economia se abre ao comércio no contexto da teoria Neoclássica com outra de dimensão aproximada,

a) há sempre condições para a ocorrência de vantagem comparativa.
b) as curvas de indiferença não podem, em nenhuma circunstância, intersetar-se.

c) o bem-estar aumenta mesmo que as quantidades produzidas dos bens não se alterem.

d) nenhuma das alíneas anteriores se aplica.

18. O gráfico seguinte ilustra os efeitos decorrentes da abertura ao comércio no âmbito da demonstração Neoclássica da vantagem comparativa.

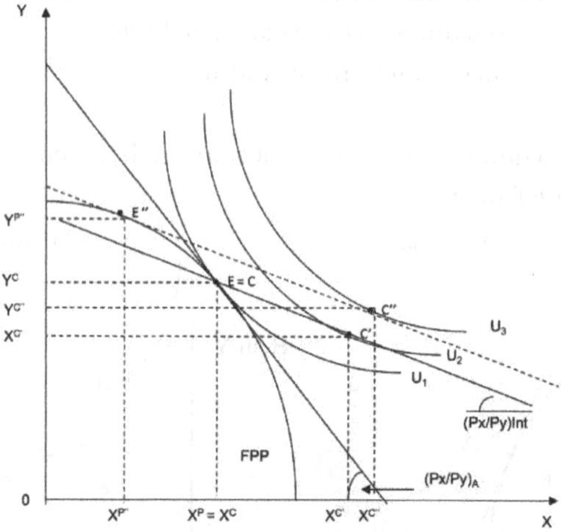

18.1. O ganho puro da troca ou de consumo é ilustrado no gráfico pela passagem do ponto ________ para o ponto ________ e é explicado pela alteração do ____________ de ________ para ________.

a) C (sobre U_1); C'' (sobre U_3); preço relativo de X; $(Px/Py)_A$; $(Px/Py)^{Int}$

b) C (sobre U_1); C' (sobre U_2); preço relativo de X; $(Px/Py)_A$; $(Px/Py)^{Int}$

c) C' (sobre U_2); C'' (sobre U_3); preço relativo de X; $(Px/Py)_A$; $(Px/Py)^{Int}$

d) C (sobre U_1); C'' (sobre U_3); equilíbrio na produção; E; E''

18.2. O ganho de especialização ou de produção é ilustrado pela passagem de

a) C' para C''.

b) E para C''.

c) E para E''.

d) C para C''.

19. No modelo de comércio Neoclássico,

a) quando um país se abre ao comércio internacional, o bem-estar aumenta desde que os ganhos "reais" igualem os "potenciais" (que resultam do princípio da compensação).
b) à semelhança do modelo Clássico, a lei do Valor-Trabalho permite identificar a relação de troca em autarcia.
c) à semelhança do modelo Clássico, a lei do Valor-Trabalho permite identificar a relação de troca em autarcia e em comércio livre.
d) nenhuma das alíneas anteriores se aplica.

20. Considere a seguinte ilustração gráfica do equilíbrio em autarcia e em comércio livre de Espanha e de França:

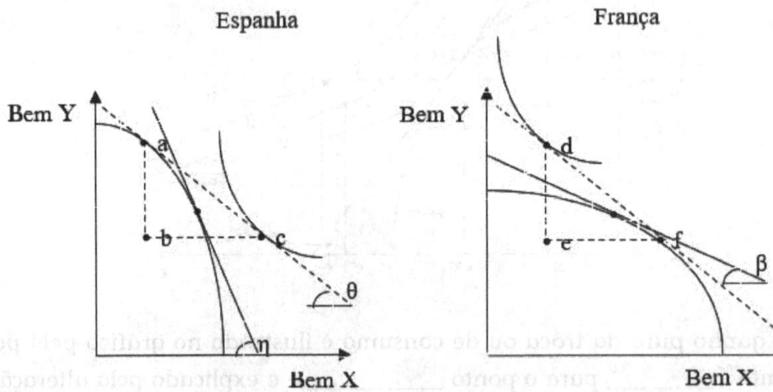

20.1. Após a abertura ao comércio,

a) dado que $\eta > \beta$, a Espanha especializa-se na produção do bem X.
b) dado que $\eta < \beta$, a Espanha especializa-se na produção do bem X.
c) dado que $\eta > \beta$, a Espanha especializa-se na produção do bem Y.
d) dado que $\eta < \beta$, a Espanha especializa-se na produção do bem Y.

20.2. Após a abertura ao comércio,

a) as exportações de Espanha, correspondentes ao segmento *bc*, são necessariamente iguais às importações de França, correspondentes ao segmento *ef*.
b) as exportações de Espanha, correspondentes ao segmento *bc*, são necessariamente iguais às importações de França, correspondentes ao segmento *de*.
c) as exportações de Espanha, correspondentes ao segmento *ab*, são necessariamente iguais às importações de França, correspondentes ao segmento *ef*.

d) as exportações de Espanha, correspondentes ao segmento *ab*, são necessariamente iguais às importações de França, correspondentes ao segmento *de*.

20.3. O preço relativo internacional de X é dado por

a) ab/bc.
b) de/ef.
c) tang(θ).
d) qualquer uma das alíneas anteriores.

20.4. O ganho de especialização da França

a) é dado por passagem de P' para f.
b) é dado por passagem de f para d.
c) é dado por ef.
d) não está ilustrado no gráfico.

20.5. O comércio livre

a) trouxe ganhos para a França, mas não para a Espanha.
b) trouxe ganhos para a França e para a Espanha.
c) trouxe ganhos para a Espanha, mas não para a França.
d) não trouxe ganhos.

21. O conceito de termos de troca internacional num mundo de dois países é dado por:

a) A quantidade exportada por um país.
b) O valor das exportações de um país.
c) O preço das exportações de um país dividido pelo preço das importações desse país.
d) O preço das importações de um país dividido pelo preço das exportações desse país.

22. Partindo de uma situação de livre comércio, se os termos de troca internacional de um país melhorarem, temos uma indicação de que

a) as exportações aumentaram e as importações diminuíram.
b) as exportações e as importações aumentaram.
c) as exportações diminuíram e as importações aumentaram.
d) nenhuma das anteriores alíneas se aplica.

23. Considere o gráfico seguinte em que o equilíbrio na produção passou de P para E''.

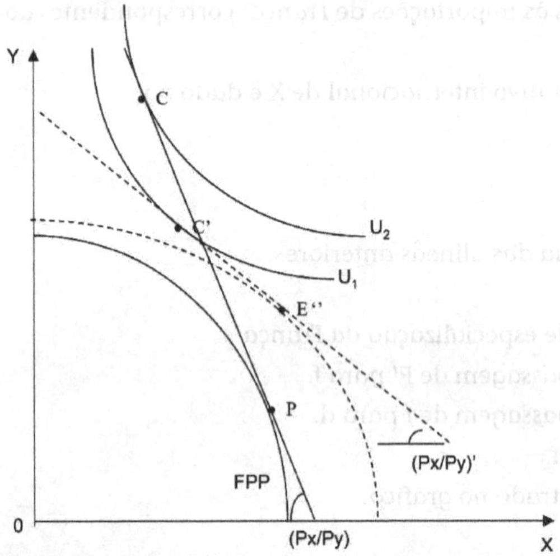

Este gráfico ilustra:

a) O ganho de especialização ou de produção derivado da abertura de um país Grande ao comércio internacional.
b) Uma situação de Crescimento Económico, num país Grande, somente num fator.
c) O ganho de consumo ou ganho puro da troca derivado da abertura de um país Grande ao comércio internacional.
d) Uma subida do preço relativo do bem exportado.

24. Considere a situação ilustrada pelo gráfico seguinte:

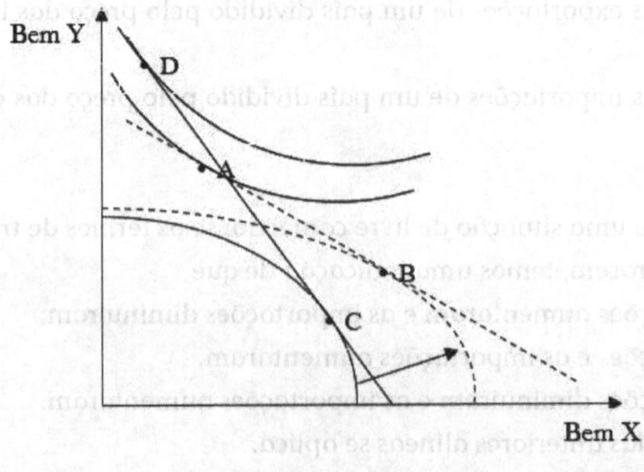

O gráfico representa uma situação de Crescimento Empobrecedor, pelo que se conclui que:

a) A procura de importações dirigida ao país é inelástica.
b) Os termos de troca do país pioraram com o crescimento.
c) O equilíbrio no consumo passou de D para A.
d) Todas as alíneas anteriores são verdadeiras.

25. O Crescimento Empobrecedor é explicado sobretudo porque
a) o setor que cresce tem um elevado grau de abertura ao exterior.
b) as importações diminuem.
c) o crescimento ocorre em países de baixo rendimento.
d) ocorre a degradação do preço relativo do bem de exportação.

B. Resposta aberta

1. Se as condições de produção em dois países, na situação de autarcia, forem as mesmas, o modelo Neoclássico permite concluir que não poderá haver comércio entre esses países.

Concorda com esta afirmação?

Resolução

Não, porque se a estrutura da procura for diferente nos dois países, existe uma base para o comércio.

2. Exponha os pressupostos em que assenta a interpretação Neoclássica dos ganhos de bem-estar decorrentes da abertura ao comércio externo.

Resolução

A teoria Neoclássica interpreta os ganhos de bem-estar a partir de mapas de indiferença social. Contudo, esta interpretação só é aceitável se se assumir que as curvas de indiferença representam um mapa da comunidade com as propriedades inerentes ao mapa de um indivíduo e, a não ser que se considerem ganhos de bem estar no sentido "potencial", que não se alteram significativamente após a abertura ao comércio. No primeiro caso, assume-se, geralmente, que os indivíduos que compõem uma comunidade têm gostos sensivelmente idênticos e, no segundo, que a abertura da economia ao comércio não provoca alterações significativas na distribuição do rendimento.

3. Considere uma economia produtora dos bens X e Y que, em autarcia, produz 50 unidades de X e 60 de Y, à taxa marginal de transformação (TMTPyx) de 1. Tendo aberto as suas fronteiras ao comércio internacional, a estrutura de produção modificou-se para 65 unidades de X e 30 de Y com uma razão de troca Px/Py = 10/3.

a) Represente uma curva de transformação da produção (fronteira de possibilidades de produção) compatível com o enunciado do problema.
b) Supondo que, após a abertura ao comércio, o consumo interno do bem de exportação se fixa em 50 unidades, calcule os ganhos imediatos decorrentes da abertura ao comércio.

Resolução

a) Existem diferentes curvas de transformação da produção (CTP) compatíveis com os dados do problema, mas todas elas são caracterizadas por:

i) Conterem os pontos (50 X; 60 Y) e (65 X; 30 Y), pontos ótimos de produção em situação de isolamento e de comércio, respetivamente. A sua condição de pontos ótimos faz com que, por definição da curva de transformação da produção, nela estejam contidos.
ii) Serem interiores aos vetores-preço definidos pelas retas com declive -Px/Py = -1 e -Px/Py = -10/3 (que indicam, respetivamente, o preço de equilíbrio em isolamento e o preço de equilíbrio internacional), já que esses vetores-preço têm de ser tangentes à curva de transformação da produção da economia em causa nos pontos (50 X; 60 Y) e (65 X; 50 Y), respetivamente, para que se esteja na presença de situações de equilíbrio sob o ponto de vista da produção, ou seja, Px/Py = TMTPyx em cada um dos pontos.

Assim, a curva de transformação pedida será uma curva como a que está representada no gráfico seguinte:

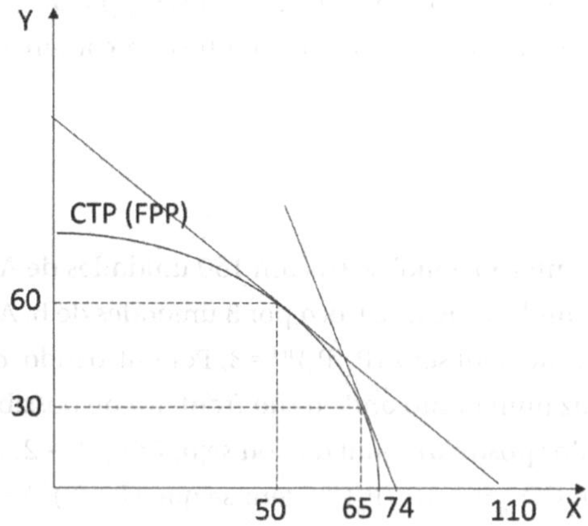

b) Sendo os ganhos do comércio dados em termos do acréscimo dos bens disponíveis para consumo que esse comércio proporciona, temos que: se o consumo do bem de exportação (bem X, pois a economia especializa-se neste bem) se fixa em 50 unidades, ficam disponíveis para exportação 15 unidades, já que a produção é de 65 unidades. Essas 15 unidades de X vão ser vendidas no mercado internacional ao preço relativo de 10/3, o que proporciona a obtenção de 50 unidades de Y. Na medida em que a economia produz internamente 30 unidades de Y, ela irá dispor para consumo de mais 50 unidades desse bem. Em resultado do comércio, o consumo de Y aumenta de 60 para 80 unidades, e os ganhos do comércio traduzem-se em 20 unidades de Y.

Consumo em autarcia	Consumo em economia aberta	Ganhos do comércio
50 X	50 X	0 X
60 Y	30 Y + (65 X – 50 X) · 10/3 = 80 Y	20 Y

4. Considere as economias Alfa e Beta nas condições definidas pela teoria Neoclássica para a demonstração da vantagem comparativa e em comércio mútuo e exclusivo, que trocam entre si no mercado internacional os seguintes montantes dos bens A e B:

150 unidades de A por 450 unidades de B.

Na situação de autarcia, a economia Alfa produzia num ponto no qual, em valor absoluto, a sua fronteira de possibilidades de produção tem inclinação igual a 2 (em relação ao eixo do bem A) e a economia Beta consumia num ponto de uma curva de indiferença com inclinação igual a 3 (também em relação ao eixo do bem A), ou seja, a sua taxa marginal de substituição no consumo de B em A ($TMSC_{BA}$) é 3.

Diga, justificando, como se repartem os ganhos de comércio entre as economias Alfa e Beta.

Resolução

Dado que no mercado internacional se trocam 150 unidades de A por 450 unidades de B, conclui-se que cada unidade de A se troca por 3 unidades de B. Assim, o preço de equilíbrio no mercado internacional será $(P_A/P_B)^{Int} = 3$. Por outro lado, dado que em autarcia a economia Alfa produz num ponto onde a sua fronteira de possibilidades de produção tem inclinação (em valor positivo) igual a 2, ou seja, $CO_{AB}{}^{Alfa} = 2$, e dado que em equilíbrio de autarcia se tem $CO_{AB}{}^{Alfa} = (P_A/P_B)^{Alfa}$, tem-se que $(P_A/P_B)^{Alfa} = 2$.

Em relação à economia Beta, tem-se $TMSC_{BA}{}^{Beta} = 3$ em autarcia, ou seja, $(P_A/P_B)^{Beta} = 3$, porque a condição de equilíbrio em autarcia impõe que $TMSC_{BA}{}^{Beta} = (P_A/P_B)^{Beta}$. Conclui-se, portanto, que:

$$(P_A/P_B)^{Alfa} = 2 < (P_A/P_B)^{Int} = (P_A/P_B)^{Beta} = 3.$$

Ou seja, a economia Alfa exporta o bem A e importa o bem B e a economia Beta exporta o bem B e importa o bem A.

Conclui-se, também, que é a economia Beta que determina o preço de equilíbrio no mercado internacional. Podemos considerar, portanto, que estamos em presença de uma economia Pequena (a economia Alfa) e de uma economia Grande (a economia Beta). Note-se que enquanto a curva de procura recíproca da economia Alfa é convexa em relação ao eixo do seu bem de exportação (o bem A), a curva de procura recíproca da economia Beta deve ser ilustrada por um segmento de reta de inclinação igual a 3.

Por último, pode-se afirmar que só a economia Alfa (economia Pequena) ganha com o comércio, pois a economia Beta confronta-se com uma relação de preços no mercado internacional igual à relação de preços de autarcia.

5. Seja a economia Pequena A, produtora dos bens X e Y. Em autarcia, produz 40 unidades de X e 50 de Y, à taxa marginal de transformação na produção (TMTP) de Y em X de 1. Tendo aberto as fronteiras ao comércio internacional, a estrutura da produção modificou-se para (60X, 20Y) com uma razão de troca internacional Px/Py = 3.

a) Supondo que o governo fixa o consumo interno do bem de exportação na quantidade consumida em autarcia, calcule os efeitos decorrentes da abertura da economia A ao comércio internacional. Ilustre graficamente a sua resposta.
b) Sabendo que a taxa marginal de substituição no consumo (TMSC) de Y por X no ponto representativo da estrutura de consumo imposta pelo Governo é igual a 10, avalie qualitativamente os efeitos nos fluxos de comércio decorrentes de uma liberalização da política de consumo, justificando a sua resposta.

Resolução

a) Dado que em autarcia se tem TMTPyx = 1, então $(Px/Py)^A = 1$, sendo $(Px/Py)^A$ o preço relativo de X em autarcia. Uma vez que $(Px/Py)^A = 1 < (Px/Py)^{Int} = 3$, então a economia apresenta vantagem comparativa na produção do bem X, ou seja, exporta X.

Como o governo fixa o consumo do bem de exportação na quantidade consumida em autarcia, isto significa que em comércio livre o consumo de X continuará a ser de 40 unidades. Como a economia passou a produzir 60 unidades de X, então a exportação ascenderá a 20 unidades. Estas 20 unidades de X serão trocadas no mercado internacional por $20 \cdot 3 = 60$ unidades de Y. Daqui resulta que as alterações decorrentes da abertura da economia são as seguintes:

Preço: $Px/Py = 1 \rightarrow Px/Py = 3$ (dado);
Produção: (40X; 50Y) → (60X; 20Y) (dado);
Comércio: (0X; 0Y) → (20X; 60Y);
Consumo: (40X; 50Y) → (40x; 20+60 = 80Y).

Ilustração gráfica

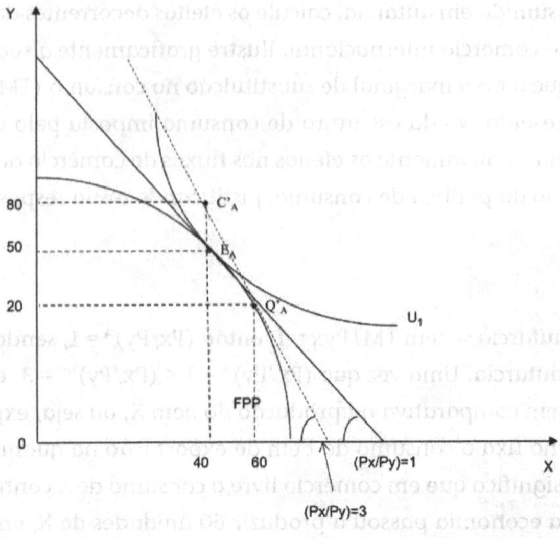

b) Seja TMSCyx = 10.

Esta taxa marginal de substituição no consumo significa que os consumidores não se importam de sacrificar o consumo de Y em 10 unidades desde que o consumo de X aumente 1 unidade, ou seja, com esta substituição, o seu nível de satisfação não se altera. Assim, o valor que os consumidores atribuem a 1 unidade do bem X é igual a 10, superior, portanto, ao valor do bem X no mercado, que é 3. Ora, sabe-se que em equilíbrio se deve ter TMSCyx = Px/Py e que a taxa marginal de substituição no consumo é decrescente. Se a política de consumo for liberalizada, os consumidores de A tenderão a consumir mais de X e menos de Y até que se estabeleça aquela igualdade. Portanto, à medida que se consome mais de X, a TMSCyx vai diminuindo, aproximando-se de Px/Py = 3. Porém, consumir mais de X implica exportar menos. Por outro lado, à medida que se consome mais de X, a procura de Y diminui, o que se traduz também numa diminuição das respetivas importações. Assim, a liberalização da política de consumo levará à diminuição dos fluxos comerciais.

6. Recorrendo à análise gráfica utilizada para a demonstração Neoclássica da vantagem comparativa, ilustre a tese segundo a qual a vantagem que um país retira da troca é tanto maior quanto menos influência tiver na determinação dos termos de troca internacional.

Resolução

Suponham-se dois países, A e B, tendo o país A vantagem comparativa na produção do bem X e o país B na produção do bem Y. Os preços de equilíbrio em autarcia estão ilustrados no gráfico seguinte pela inclinação das curvas $(Px/Py)^A$ e $(Px/Py)^B$. Tem-se, portanto, $(Px/Py)^A < (Px/Py)^B$.

Se estes países decidem abrir as suas fronteiras ao comércio mútuo e exclusivo, o preço de equilíbrio no mercado internacional vai estar compreendido entre os preços de autarcia, isto é, $(Px/Py)^A < (Px/Py)^{Int} < (Px/Py)^B$.

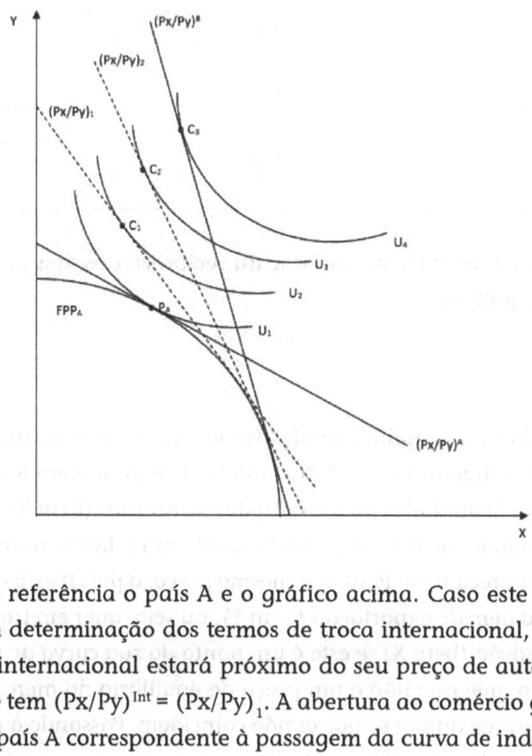

Tome-se como referência o país A e o gráfico acima. Caso este país tenha muita influência sobre a determinação dos termos de troca internacional, o preço de equilíbrio no mercado internacional estará próximo do seu preço de autarcia. Suponha-se que, neste caso, se tem $(Px/Py)^{Int} = (Px/Py)_1$. A abertura ao comércio gera um ganho de bem-estar para o país A correspondente à passagem da curva de indiferença U_1 para a curva de indiferença U_2.

Caso o país A tenha pouca influência sobre a determinação dos termos de troca internacional, o preço de equilíbrio no mercado internacional estará próximo do preço de autarcia do país B. Suponha-se que, neste caso, se tem $(Px/Py)^{Int} = (Px/Py)_2$. A abertura ao comércio gera um ganho de bem-estar para o país A correspondente à passagem da curva de indiferença U_1 para a curva de indiferença U_3.

Se, no limite, o país A não tivesse qualquer influência na determinação dos termos de troca internacional, então ter-se-ia $(Px/Py)^{Int} = (Px/Py)^{B}$. O aumento de bem-estar corresponderia à passagem da curva de indiferença U_1 para a curva de indiferença U_4.

7. Considerem-se dois países I e II em intercâmbio exclusivo e recíproco e especializados, respetivamente, nos bens X e Y. As funções de procura recíproca são dadas no quadro seguinte em termos de unidades físicas do bem de exportação:

Px/Py	I	II
1/3	60	32
1/2	80	48
2/3	90	60
1	105	80
3/2	115	90
2	115	80
4	115	32

Represente graficamente as curvas de procura recíproca dos dois países e determine a razão de troca de equilíbrio.

Resolução

Comece-se por esclarecer o significado dos valores constantes no quadro. Na primeira linha, tem-se que quando o preço relativo internacional do bem X é 1/3, o país I está disposto a exportar 60 unidades do seu bem de exportação (bem X), ou seja quer receber em troca 20 unidades do bem de importação (bem Y). Este é, portanto, um ponto da sua curva de procura recíproca. Para este mesmo preço, o país II está disposto a exportar 32 unidades do seu bem de exportação (bem Y), ou seja, quer em troca 96 unidades do seu bem de importação (bem X), e este é um ponto da sua curva de procura recíproca. Conclui-se, por isso, que este não é um preço de equilíbrio no mercado internacional, porque as "vontades" de ambos os países não coincidem. Passando à representação gráfica (foram omitidos alguns pontos), tem-se:

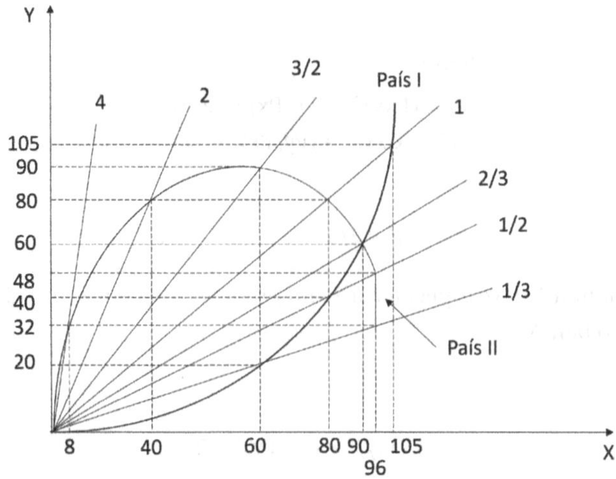

O preço de equilíbrio no mercado internacional será Px/Py = 2/3, pois este é o único preço que equilibra as trocas entre os dois países. O país I está disposto a exportar 90 unidades de X, que é exatamente o que o país II está disposto a importar deste mesmo bem. Por seu turno, o país II está disposto a exportar 60 unidades de Y, quantidade que o país I quer importar. O valor 2/3 é o preço que faz com que as "vontades" de ambos os países coincidam.

8. Considere as economias A e B, que trocam no mercado internacional os seguintes montantes dos bens X e Y:

1000 unidades de X < = > 2000 unidades de Y.

Os sistemas produtivos de ambas as economias estão sujeitos a rendimentos marginais decrescentes. Na situação de autarcia, a economia A registava uma taxa marginal de transformação na produção (TMTP) de X em Y de 2/3 e, na economia B, a taxa marginal de substituição no consumo (TMSC) de X por Y era de 1/2.

a) Determine o padrão de especialização da economia A.
b) Determine e interprete o custo de oportunidade do bem X na economia B, na situação de autarcia.
c) Que poderá dizer acerca do comportamento do custo de oportunidade do bem Y na economia A após a abertura ao comércio?
d) Esboce graficamente as curvas de procura recíproca de ambos os países e justifique a sua configuração.

Resolução

a) Na situação de autarcia, tem-se:

$$(TMTPxy)^A = (Py/Px)^A = 2/3, \text{ e}$$
$$(TMSCxy)^B = (Py/Px)^B = 1/2;$$

ou seja,

$$(Py/Px)^A = 2/3 > (Py/Px)^B = 1/2,$$

pelo que a economia A deve especializar-se na produção do bem X, ou seja, exporta este bem e importa o bem Y.

b)

$$(COxy)^B = (Px/Py)^B = 2,$$

em que COxy é o custo de oportunidade de X em termos de Y.

Pressupondo a utilização plena e eficiente dos recursos, para produzir mais uma unidade de X, a economia B tem de deixar de produzir 2 unidades de Y.

c) Na situação de autarcia tem-se:

$$(COyx)^A = (Py/Px)^A = 2/3.$$

Após a abertura ao comércio, a economia A vai especializar-se no bem X. Como o seu sistema produtivo está sujeito a rendimentos marginais decrescentes, os recursos transferidos para esta indústria não são tão eficientes como os que já lá estavam. Deste modo, o custo de oportunidade do bem X vai subir, pelo que desce o custo de oportunidade do bem Y (porque COyx = 1/COxy).

d) Em primeiro lugar, deve-se ter em atenção que o país A é um país Pequeno e o país B é um país Grande, pois a relação de troca que se estabelece no mercado internacional (isto é, 1000 unidades de X trocam-se por 2000 unidades de Y, ou seja $(Px/Py)^{Int} = 2$) é igual à relação de troca de autarcia do país B. Tem-se, portanto,

$$(Px/Py)^B = 2 = (Px/Py)^{Int}.$$

Deste modo, a curva de procura recíproca do país B é uma semirreta que passa pela origem e tem inclinação 2.

Em segundo lugar, tem-se uma curva de procura recíproca para o país A convexa em relação ao eixo dos X (bem de exportação, como decorre da alínea a)).

O gráfico que ilustra o equilíbrio internacional com as curvas de procura recíproca (S) dos dois países é o seguinte:

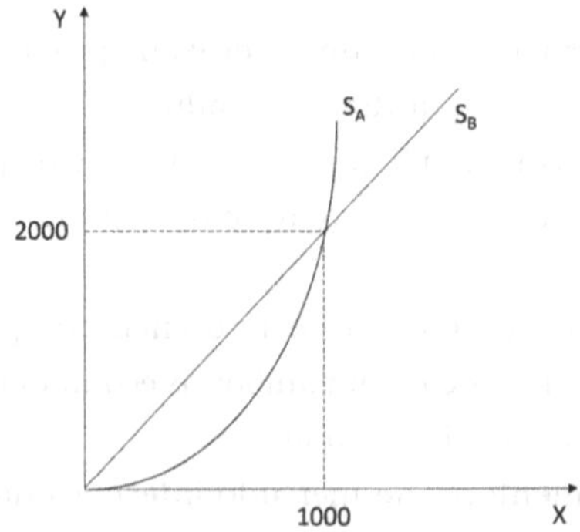

9. Suponha duas economias Grandes, X e Y, cujos sistemas produtivos estão sujeitos a rendimentos marginais decrescentes e que produzem e consomem bens alimentares (A) e vestuário (V). Na situação de autarcia e na economia X, a taxa marginal de transformação na produção (TMTP) de bens alimentares em vestuário era de ½ e na economia Y, também na situação de autarcia, o preço relativo dos bens alimentares era de 4. Suponha ainda que, algum tempo depois da abertura ao comércio, foi detetada uma substância nociva à saúde nos bens alimentares produzidos pela economia X, o que conduziu a uma redução da procura deste bem tanto no mercado da economia X como no da economia Y.

a) Determine, justificando, o padrão de especialização de cada uma das economias.
b) Explicite o efeito que a substância encontrada nos bens alimentares produzidos pela economia X pode ter tido sobre o comportamento dos termos de troca internacional para cada uma das economias e ilustre graficamente no espaço das transações internacionais.

Resolução

a) Na situação de equilíbrio em autarcia, tem-se:

$$TMTP_{AV} = P_V/P_A.$$

Assim, para a economia X, tem-se:

$$TMTP^X_{AV} = (P_V/P_A)^X = 1/2,$$

donde se conclui que $(P_A/P_V)^X = 2$.

Comparando os preços relativos de autarcia das duas economias, conclui-se que

$$(P_A/P_V)^X = 2 < (P_A/P_V)^Y = 4,$$

pelo que a economia X tem vantagem comparativa na produção de bens alimentares e a economia Y tem vantagem comparativa na produção de vestuário. Deste modo, após a abertura ao comércio, a economia X deve especializar-se na produção de bens alimentares e a economia Y especializa-se na produção de vestuário.

b) Dado que a substância encontrada nos bens alimentares produzidos pela economia X conduziu a uma redução da procura em ambas as economias, e dado que a economia X exporta estes bens, poderá concluir-se que:

- a oferta de bens alimentares no mercado internacional deverá aumentar, pois os produtores de X passarão a encontrar maior dificuldade em vender estes produtos no mercado interno, canalizando o excesso de produção para o mercado internacional;
- a procura de bens alimentares no mercado internacional deverá diminuir, porque a procura destes bens diminui no país que os importa, ou seja, no país Y. Neste país, os consumidores nacionais passam a preferir mais os bens alimentares produzidos nacionalmente.

Em consequência, cria-se, no mercado internacional, um excesso de oferta de bens alimentares, o que conduzirá a uma descida do preço relativo destes bens até que o mercado internacional entre de novo em equilíbrio. Conclui-se que os termos de troca se degradam para a economia X e melhoram para a economia Y.

Em termos de representação gráfica no espaço das transações internacionais, abaixo ilustrado, deve-se ter em atenção que:

- as curvas de procura recíproca de ambos os países são convexas em relação ao eixo das suas exportações, porque se está em presença de dois países Grandes (hipótese colocada anteriormente);
- as curvas de procura recíproca de ambos os países devem estar contidas no sector definido pelas semirretas cujas inclinações correspondem aos preços relativos das duas economias – $(P_A/P_V)^X = 2$ e $(P_A/P_V)^Y = 4$–, pois só assim haverá interesse em estabelecer relações comerciais;
- as curvas de procura recíproca de ambos os países devem cruzar-se num ponto a que corresponda o preço de equilíbrio no mercado internacional, ou seja, $(P_A/P_V)^{Int} = 3$;

- o aumento de oferta de bens alimentares no mercado internacional por parte da economia X deve traduzir-se num deslocamento da sua curva de procura recíproca que ilustre o facto de esta economia passar a oferecer uma maior quantidade do seu bem de exportação (bens alimentares) para a mesma quantidade procurada do seu bem de importação (vestuário);
- a diminuição da procura de bens alimentares no mercado internacional por parte da economia Y deve traduzir-se num deslocamento da sua curva de procura recíproca que ilustre o facto de esta economia oferecer agora uma menor quantidade do seu bem de exportação (vestuário) para a mesma quantidade procurada do seu bem de importação (bens alimentares).

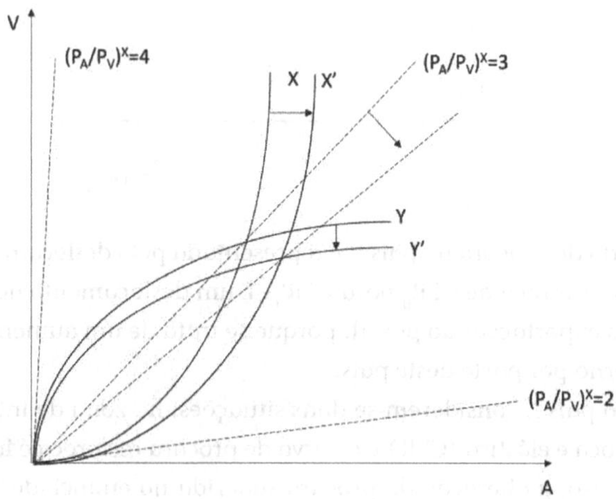

10. Considere duas economias Grandes (I e II) que comercializam entre si dois bens X e Y e suponha que na economia II há uma alteração do lado da procura no sentido de uma maior preferência pelo bem X, bem de importação. Analise as implicações possíveis desta ocorrência para ambas as economias e ilustre graficamente no espaço das transações internacionais.

Resolução

Considere-se o gráfico seguinte, no qual CPR representa curvas de procura recíproca e TOT (ou tot) designa os termos de troca internacional.

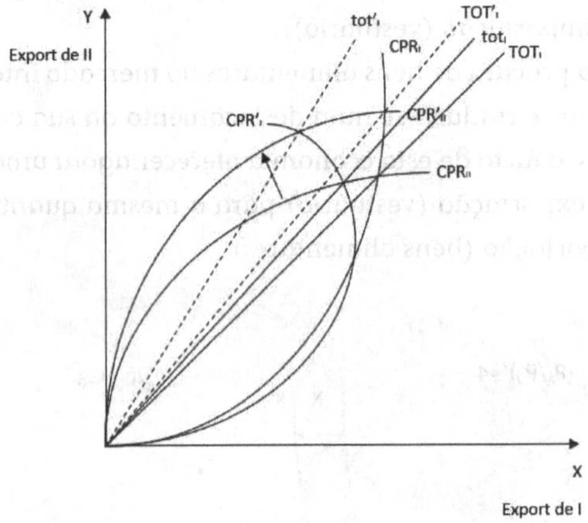

A alteração do lado da procura no país II é representada pelo deslocamento da respetiva curva de procura recíproca de CPR_{II} para CPR'_{II}. É um deslocamento na direção do eixo que representa as exportações do país II, porque se trata de um aumento da propensão ao comércio externo por parte deste país.

Em relação ao país I, considerem-se duas situações: na zona de interseção, a curva de procura recíproca é elástica (CPR_I) e a curva de procura recíproca é inelástica (CPR'_I).

No primeiro caso, a alteração da procura sugerida no enunciado tem os seguintes efeitos:

- Melhoria (degradação) dos termos de troca do país I (II) de TOT_I para TOT'_I;
- Aumento das exportações (importações) do país I (II);
- Aumento das importações (exportações) do país I (II).

No segundo caso, a alteração da procura sugerida no enunciado tem os seguintes efeitos:

- Melhoria (degradação) dos termos de troca do país I (II) de tot_I para tot'_I, mais acentuada do que no primeiro caso;
- Diminuição das exportações (importações) do país I (II);
- Aumento das importações (exportações) do país I (II).

11. Comente a seguinte afirmação, recorrendo a ilustração gráfica: "Embora a teoria Neoclássica conclua que, em geral, a vantagem comparativa não conduz a especialização completa, os ganhos de bem-estar decorrentes da abertura ao comércio serão tanto maiores quanto mais o padrão de especialização imposto pelos preços internacionais se aproximar da especialização completa".

Resolução

Com efeito, ao contrário da teoria Clássica da vantagem comparativa, que apresenta como resultado geral a especialização completa de uma economia em caso de abertura ao comércio, a teoria Neoclássica defende que essa abertura conduzirá, em princípio, a especialização incompleta. Em ambos os casos, qualquer das teorias conclui também que a especialização e o comércio com o exterior darão origem a ganhos que, no caso da teoria Neoclássica, podem ser identificados como ganhos de bem-estar traduzidos pela possibilidade de os consumidores poderem aceder a maiores níveis de satisfação.

Considere-se uma economia nas condições definidas pela teoria Neoclássica para a demonstração da vantagem comparativa e dos ganhos decorrentes da abertura ao comércio. Em particular, suponha-se que esta economia produz dois bens, X e Y, com custos de oportunidade crescentes, e que o bem-estar pode ser ilustrado a partir do comportamento dos seus consumidores, o qual pode ser descrito por um mapa de indiferença social.

Considere-se ainda que, na situação de autarcia, a economia produz e consome no ponto E_0 (C_0), onde se verifica a condição de equilíbrio imposta pela teoria Neoclássica:

$$CO_{XY}{}^{A} = (Px/Py)^{A} = TMSC_{YX}{}^{A}.$$

Suponha-se agora que esta economia decide abrir as suas fronteiras ao comércio internacional e coloquem-se duas hipóteses para os preços de equilíbrio no mercado internacional:

Hipótese H1: $(Px/Py)^{Int} = (Px/Py)^{H1}$

Hipótese H2: $(Px/Py)^{Int} = (Px/Py)^{H2}$

com

$(Px/Py)^{H1} < (Px/Py)^{H2} < (Px/Py)^{A}$.

Nestas condições, conclui-se que a economia tem vantagem comparativa na produção do bem Y, qualquer que seja a hipótese que se tenha em consideração para os preços no mercado internacional. A economia vai, portanto, especializar-se de forma incompleta na produção deste bem. Contudo, a condição de equilíbrio em economia aberta imposta pela teoria Neoclássica, isto é, a condição

$$CO_{XY}{}^{A} = (Px/Py)^{Int} = TMSC_{YX}{}^{A}$$

obriga a que os pontos de produção (consumo) em economia aberta sejam diferentes consoante a hipótese que se considere para o $(Px/Py)^{Int}$. Suponha-se que esses pontos são os seguintes:

Pontos de equilíbrio na produção e no consumo, em economia aberta

	Produção	Consumo
Hipótese H1	E_{H1}	C_{H1}
Hipótese H2	E_{H2}	C_{H2}

Na figura abaixo, verifica-se que a Hipótese H1 para os preços no mercado internacional obriga a que o ponto de especialização da economia esteja mais próximo da especialização completa em Y do que o ponto de especialização correspondente à Hipótese H2. Do mesmo modo se pode verificar na figura que a Hipótese H1 corresponde a um maior nível de bem-estar quando comparado com o nível de bem-estar associado à Hipótese H2, uma vez que C_{H1} pertence a uma curva de indiferença mais afastada da origem do que a curva de indiferença a que pertence C_{H2}. Fica assim ilustrado o facto de os ganhos de bem-estar decorrentes da abertura ao comércio serem tanto maiores quanto mais próximo estiver da especialização completa o ponto de especialização da economia.

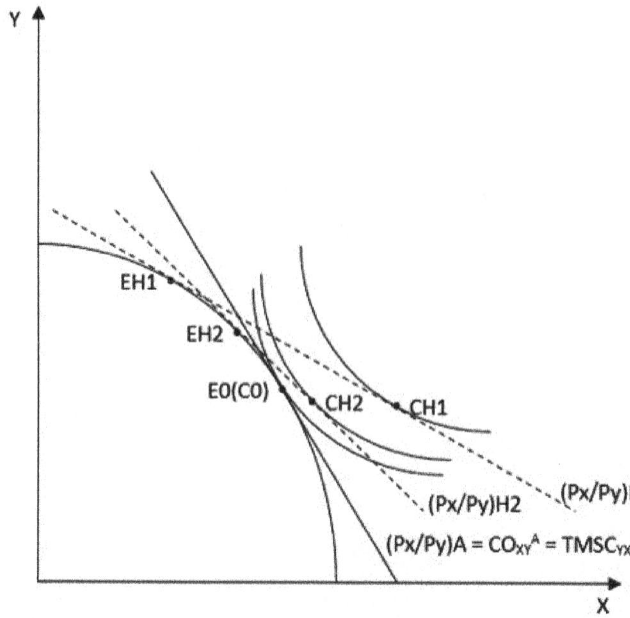
Y
EH1
EH2
E0(C0)
CH2
CH1
(Px/Py)H2
(Px/Py)H1
(Px/Py)A = CO$_{XY}$^{A} = TMSC$_{YX}$^{A}
X

CAPÍTULO 3

BASE PARA O COMÉRCIO: DOTAÇÕES FATORIAIS E MODELO DE HECKSCHER-OHLIN

TÓPICOS

Conceitos relevantes:

- **Abundância fatorial (definição em termos físicos e económicos)**
- **Intensidade fatorial**
- **Reversibilidade das intensidades fatoriais**

Oferta, procura e preços autárcicos

Teorema de Heckscher-Ohlin

Teorema da Igualização do Preço dos Fatores

Teorema de Stolper-Samuelson

Implicações para o teorema de Heckscher-Ohlin de:

- **Reversibilidade da procura**
- **Reversibilidade das intensidades fatoriais**
- **Concorrência imperfeita**

Teste empírico da abordagem das dotações fatoriais

Extensão do modelo de Heckscher-Ohlin a uma economia Pequena com crescimento económico: o teorema de Rybczynski

A. Escolha múltipla

1. A definição física de abundância fatorial estabelece que:

a) Considerando dois bens (A e B) e dois fatores (i e j), o bem A é intensivo em i, relativamente ao bem B, se utiliza mais unidades de i por unidade de j.

b) Considerando dois países (A e B) e dois fatores (i e j), o país A é intensivo em i, relativamente ao país B, se dispõe de mais unidades de i por unidade de j.

c) Considerando dois países (A e B) e dois fatores (i e j), o país A é abundante em i, relativamente ao país B, se dispõe de mais unidades de i por unidade de j.

d) Considerando dois países (A e B) e dois fatores (i e j), o país A é abundante em i, relativamente ao país B, se i é relativamente mais barato em A.

2. Seja a seguinte matriz das dotações fatoriais dos países A e B medidas em unidades físicas:

	Trabalho	Capital
País A	200	500
País B	400	800

Verifica-se que:

a) O país B é abundante em trabalho porque 200 < 400.

b) O país B é abundante em trabalho porque 0,4 < 0,5.

c) O país B é abundante em capital porque 800 > 400.

d) O país B é abundante em capital porque 800 > 500.

3. Considere os conteúdos em fatores por unidade de produto apresentados no quadro seguinte:

	Capital (K)	Trabalho (L)
Produto X	2	6
Produto Y	4	8

O produto Y é intensivo em capital porque:

a) $Kx/Lx = 2/6 < Ky/Ly = 4/8$.

b) $Kx/Ky = 2/4 < Lx/Ly = 6/8$.

c) $Ky/Kx = 4/2 > Ly/Lx = 4/3$.

d) $Kx/Ly = 2/8 < Lx/Ky = 6/4$.

4. Se um bem é trabalho intensivo para determinado preço dos fatores, mas capital intensivo para outro preço relativo dos fatores, então estamos em presença de

a) reversibilidade do comércio.
b) reversibilidade de preços.
c) reversibilidade das intensidades fatoriais.
d) reversibilidade do mercado de fatores.

5. O gráfico seguinte ilustra uma situação de ____________________ sendo o bem X ________________ para valores de W/r superiores a $(W/r)_0$:

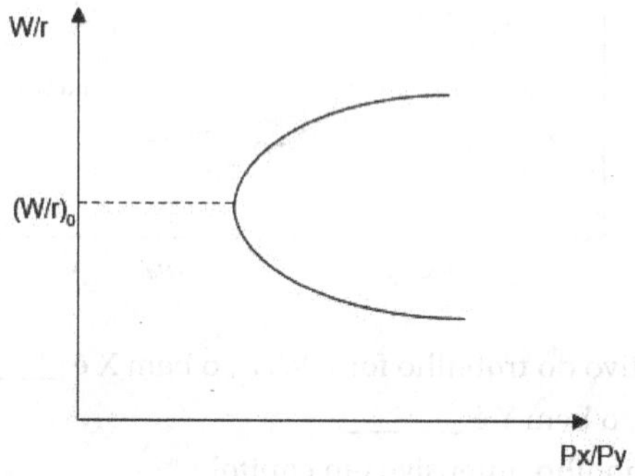

a) não reversibilidade das intensidades fatoriais; intensivo em trabalho
b) reversibilidade das intensidades fatoriais; intensivo em trabalho
c) não reversibilidade das intensidades fatoriais; intensivo em capital
d) reversibilidade das intensidades fatoriais; intensivo em capital

6. O gráfico seguinte apresenta um mapa de isoquantas na produção dos bens 1 e 2, para os quais se utiliza trabalho (L) e capital (K), com remunerações de w e r, respetivamente.

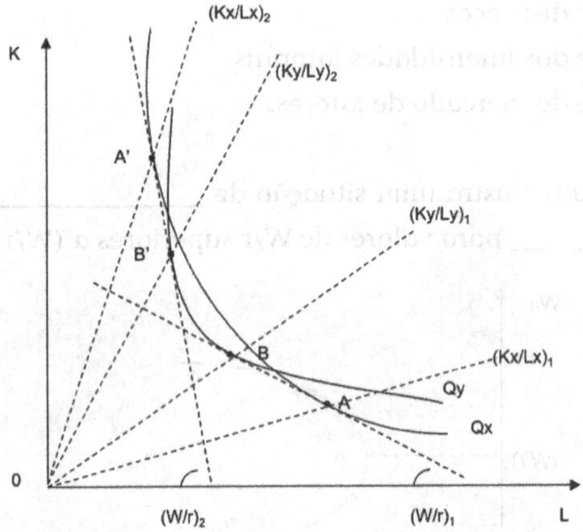

6.1. Se o preço relativo do trabalho for $(W/r)_1$, o bem X é ______ e se o preço relativo do trabalho for $(W/r)_2$, o bem Y é _______.

a) intensivo em trabalho; intensivo em capital
b) intensivo em capital; intensivo em trabalho
c) intensivo em trabalho; intensivo em trabalho
d) intensivo em capital; intensivo em capital

6.2. O gráfico ilustra uma situação de

a) reversibilidade das intensidades fatoriais.
b) reversibilidade das abundâncias fatoriais.
c) reversibilidade da procura.
d) reversibilidade do padrão de especialização.

7. Um dos pontos em que o modelo de Heckscher-Ohlin se diferencia do modelo de Ricardo das vantagens comparativas é a hipótese de que _______ é (são) idêntica/as em todos os países.

a) as dotações de fatores de produção
b) as economias de escala
c) as intensidades fatoriais
d) a tecnologia

8. De acordo com o modelo de Heckscher-Ohlin,
a) as funções de produção são idênticas entre setores.
b) as funções de produção são discretas.
c) não há custos de ajustamento na produção.
d) as funções de produção são decrescentes.

9. No contexto do modelo de Heckscher-Ohlin, não se verifica que
a) as dotações fatoriais se mantenham quando as "técnicas ótimas" de produção se alteram.
b) existam externalidades positivas na produção.
c) com a abertura ao comércio, o mesmo bem apresente o mesmo rácio de intensidade fatorial nos dois países.
d) os gostos dos consumidores sejam idênticos entre países.

10. Ao contrário do modelo de Ricardo das vantagens comparativas, a hipótese de rendimentos marginais decrescentes no modelo de Heckscher-Ohlin significa que é maior a probabilidade de
a) os países não se especializarem completamente.
b) os países beneficiarem do comércio externo.
c) os países consumirem fora da sua fronteira de possibilidades de produção.
d) a vantagem comparativa ser explicada sobretudo por fatores do lado da oferta.

11. No contexto do modelo de Heckscher-Ohlin, pode afirmar-se que:
a) Mesmo que dois países não tenham preferências idênticas, é sempre possível haver comércio.
b) O preço relativo do fator escasso subirá com a abertura ao comércio.
c) A distribuição do rendimento não se alterará com a abertura ao comércio.
d) Dois países com preferências idênticas podem, mesmo assim, ter uma base para o comércio, se as suas dotações relativas de fatores e as intensidades fatoriais dos bens forem diferentes.

12. Se o país A é capital abundante em relação ao país B pela definição económica de abundância relativa, então o preço relativo do trabalho é ________ no país A. Nesta situação, o teorema de Heckscher Ohlin aconselharia o país A exportar o bem ___________ para o país B.
a) mais elevado; intensivo em capital
b) mais elevado; intensivo em trabalho

c) mais baixo; intensivo em capital
d) mais baixo; intensivo em trabalho

13. No contexto do modelo de Heckscher-Ohlin,
a) o teorema de Heckscher-Ohlin verifica-se com condições diferentes do lado da oferta, qualquer que seja a origem dessa diferença.
b) os países devem ter dimensões aproximadas para que o teorema de Heckscher-Ohlin se verifique.
c) se a produção de arroz for intensiva em trabalho e a de automóveis em capital, e o preço relativo do trabalho aumentar, o arroz não poderá tornar-se num produto intensivo em capital.
d) nenhuma das alíneas anteriores se verifica.

14. Os dados do quadro seguinte referem-se à economia A, em situação de comércio livre com o resto do mundo, que exporta o bem X e está nas condições do modelo de Heckscher-Ohlin.

Quantidade de trabalho utilizada na indústria do bem X	400
Quantidade de trabalho utilizada na indústria do bem Y	500
Quantidade de capital utilizada na indústria do bem X	300
Quantidade de capital utilizada na indústria do bem Y	200
Produtividade marginal do trabalho na indústria do bem X	2
Produtividade marginal do trabalho na indústria do bem Y	6
Produtividade marginal do capital na indústria do bem X	3
Produtividade marginal do capital na indústria do bem Y	9

14.1. No contexto indicado, a economia A é abundante em ________ e apresentava, na situação de autarcia, um preço relativo do trabalho ________ do que o resto do mundo.
a) capital; mais baixo
b) capital; mais alto
c) trabalho; mais baixo
d) trabalho; mais alto

14.2. No contexto indicado, o preço relativo de X no resto do mundo é ________, enquanto o preço relativo do trabalho, também no resto do mundo, é ____.
a) 3; 0,67 (arredondado)

b) 0,33; 0,67 (arredondado)
c) 1,5; 3
d) 3;3

15. Considere o modelo de Heckscher-Ohlin com dois países: o país M é capital abundante e o país N é trabalho abundante. Cada país usa o trabalho e o capital para produzir dois bens. O bem 1 é capital intensivo e o bem 2 é trabalho intensivo.

15.1. Em autarcia, o preço relativo do bem 1 no país M
a) será maior do que no país N.
b) será menor do que no país N.
c) será igual ao do país N.
d) não se pode determinar.

15.2. Com a abertura ao comércio, a produção e o consumo interno do bem 2 no país N irão
a) subir.
b) diminuir.
c) manter-se.
d) subir a produção e o consumo poderá subir.

16. Considere o modelo Neoclássico do comércio internacional de dois países com as hipóteses do modelo de Heckscher-Ohlin e dimensão semelhante. O país M é capital abundante e o país N é trabalho abundante. Cada país usa o trabalho e o capital para produzir dois bens. O bem 1 é capital intensivo e o bem 2 é trabalho intensivo. Em comércio livre, o preço relativo internacional do bem 1 terá de ser, relativamente ao preço relativo de autarcia desse bem,
a) mais alto do que o preço relativo de autarcia dos países M e N.
b) mais baixo do que o preço relativo de autarcia do país M mas mais alto do que o preço relativo de autarcia do país N.
c) mais alto do que o preço relativo de autarcia no país M mas mais baixo do que o preço relativo de autarcia do país N.
d) mais baixo do que o preço relativo de autarcia dos países M e N.

17. A figura seguinte ilustra a situação de equilíbrio das economias A e B após a abertura ao comércio mútuo e exclusivo no contexto do modelo Neoclássico.

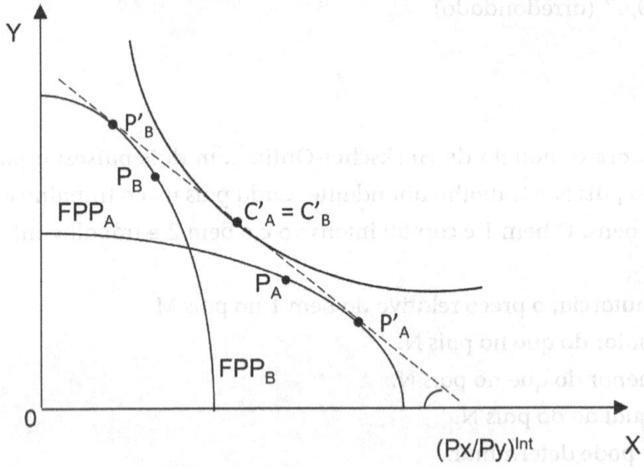

No contexto indicado, pode-se afirmar que:

a) Se X for intensivo em trabalho, então a economia A é escassa em capital, quaisquer que sejam as tecnologias nas duas economias.
b) Se X for intensivo em trabalho, então a economia A será escassa em capital, assumindo que as tecnologias são iguais nas duas economias.
c) Precisamos de mais informação sobre a procura para conhecer a abundância fatorial da economia A.
d) Nenhuma das anteriores alíneas está correta.

18. No âmbito do modelo de Heckscher-Ohlin, quando existe reversibilidade das intensidades fatoriais,

a) não se pode determinar em que fator um bem é intensivo.
b) deixa de ser possível aplicar sempre o teorema de Heckscher-Ohlin.
c) deixa de se verificar o Paradoxo de Leontief.
d) não é problemática a verificação do teorema da Igualização dos Preços dos Fatores.

19. Considere o bem X intensivo em trabalho, o país A relativamente abundante nesse fator pela definição física de abundância relativa de fatores, e o gráfico abaixo.

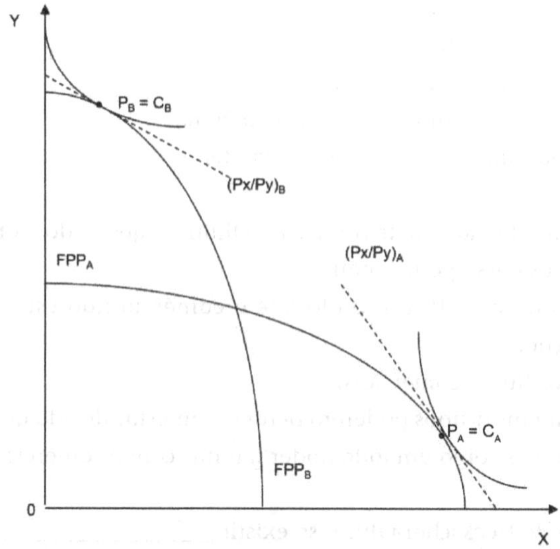

19.1. Que hipótese do modelo de Heckscher-Ohlin está a ser violada?

a) Irreversibilidade das intensidades fatoriais.
b) Irreversibilidade da procura entre países.
c) Concorrência perfeita.
d) Imobilidade de fatores entre países.

19.2. Este gráfico ilustra uma situação em que:

a) O preço relativo do trabalho no país A é mais baixo do que no país B, pelo que o teorema de Heckscher-Ohlin se verifica pela definição económica, mas não pela definição física.
b) O preço relativo do trabalho no país A é mais elevado do que no país B, pelo que o teorema de Heckscher-Ohlin se verifica pela definição física, mas não pela definição económica.
c) O preço relativo do trabalho no país A é mais baixo do que no país B, pelo que o teorema de Heckscher-Ohlin se verifica pela definição física, mas não pela definição económica.
d) O preço relativo do trabalho no país A é mais elevado do que no país B, pelo que o teorema de Heckscher-Ohlin se verifica pela definição económica, mas não pela definição física.

19.3. Qual o padrão de comércio?

a) A exporta o bem X e B o bem Y.
b) A exporta o bem Y e B o bem X .
c) Não se pode identificar o padrão de comércio.
d) Nenhuma das alíneas anteriores é verdadeira.

20. Se, no quadro do modelo de Heckscher-Ohlin, os gostos dos consumidores forem diferentes entre países, isso pode afetar

a) a igualização dos salários, dado que o comércio não está associado a uma especialização.
b) o sentido dos fluxos comerciais.
c) o facto de alguns grupos poderem perder bem-estar devido ao comércio.
d) o facto de o país como um todo poder ganhar com o comércio.

21. No modelo de Heckscher-Ohlin, se existir ______________________, então o teorema de Heckscher-Ohlin verifica-se se se usar ______________________, mas não se verifica se for usada ______________________.

a) reversibilidade das intensidades fatoriais; a definição económica de abundância relativa de fatores; a definição física de abundância relativa de fatores
b) reversibilidade das intensidades fatoriais; a definição física de abundância relativa de fatores; a definição económica de abundância relativa de fatores
c) reversibilidade da procura; a definição económica de abundância de fatorial; a definição física de abundância fatorial
d) reversibilidade da procura; a definição física de abundância fatorial; a definição económica de abundância fatorial

22. Se o país A é capital abundante e se abre ao comércio com o país B trabalho abundante, de acordo com o teorema de Heckscher-Ohlin verifica-se que:

a) W/r sobe em A e desce em B.
b) W/r sobe em A e em B.
c) W/r desce em A e sobe em B.
d) W/r desce em A e em B.

23. No modelo de Heckscher-Ohlin do comércio, um país importa o bem que utiliza intensivamente o fator de produção ________ no país e uma consequência do comércio é que a distribuição do rendimento no país se torna desfavorável ao fator ________.

a) escasso; abundante
b) escasso; escasso
c) abundante; abundante
d) abundante; escasso

24. De acordo com o modelo de Heckscher-Ohlin, dentro de um país
a) todos ganham com o comércio.
b) nem todos ganham mas, no seu conjunto, os ganhos são superiores às perdas.
c) sob certas condições, o fator escasso pode ganhar ou, pelo menos, não perder, com o comércio.
d) nenhuma das alíneas anteriores é verdadeira.

25. Considere o modelo de Heckscher-Ohlin com dois países. O país M é capital abundante e o país N é trabalho abundante. Cada país usa o trabalho e o capital para produzir dois bens. O bem 1 é capital intensivo e o bem 2 é trabalho intensivo. Se os dois países se abrirem ao comércio mútuo e exclusivo, de acordo com o teorema de Stolper-Samuelson, no país M verifica-se que:
a) Os detentores do capital irão ganhar, enquanto os trabalhadores irão perder.
b) Os detentores do capital irão perder, enquanto os trabalhadores irão ganhar.
c) Tanto os detentores do capital como os trabalhadores irão ganhar.
d) Tanto os detentores do capital como os trabalhadores irão perder, mas só em termos nominais.

26. Considere que num mundo Heckshcher-Ohlin existem dois países A e B e dois bens X e Y e que os dois fatores de produção são capital e trabalho. O país A é relativamente abundante em trabalho e o bem X é relativamente intensivo em trabalho. Se ocorrer comércio entre os dois países segundo o teorema de Heckscher-Ohlin, então a razão entre o trabalho e o capital (L/K) utilizada na produção da indústria X no país A irá ______ e L/K utilizado na produção da indústria Y no país A irá ______.
a) diminuir; também diminuir
b) diminuir; aumentar
c) aumentar; diminuir
d) aumentar; também aumentar

27. Admita que se verificam as hipóteses do modelo de Heckscher-Ohlin, que os dois fatores de produção se designam por K e L e as respetivas remunerações reais são r e w.

Nestas condições, se o país relativamente abundante em L aplicar um direito aduaneiro sobre as suas importações de X, irá ocorrer o seguinte:

a) r aumenta e (K/L)x aumenta.
b) r aumenta e (K/L)x diminui.
c) w aumenta e (K/L)x aumenta.
d) w aumenta e (K/L)x diminui.

28. Suponha que há dois fatores, trabalho e terra, e o Brasil é abundante em terra enquanto a Argentina é abundante em trabalho. De acordo com o modelo de Heckscher-Ohlin, podemos afirmar que:

a) Os proprietários de terra na Argentina opor-se-ão ao comércio livre com o Brasil, enquanto os trabalhadores brasileiros apoiarão o comércio livre com a Argentina.
b) Os proprietários de terra na Argentina apoiarão o comércio livre com o Brasil, enquanto os trabalhadores brasileiros opor-se-ão ao comércio livre com a Argentina.
c) Os trabalhadores na Argentina apoiarão o comércio livre com o Brasil, tal como os proprietários de terra brasileiros apoiarão o comércio livre com a Argentina.
d) Trabalhadores e proprietários de terra, no Brasil e na Argentina, apoiarão o comércio livre, dados os ganhos de bem-estar que este proporciona.

29. No âmbito do teorema de Stolper-Samuelson, pode afirmar-se que "o preço de um fator varia relativamente mais do que o preço do bem intensivo nesse fator". Esta conclusão é normalmente designada por

a) efeito de empobrecimento.
b) ganho de comércio.
c) efeito de ampliação (*magnification effect*).
d) ganho de especialização.

30. No modelo de Heckscher-Ohlin, o aumento de 10% no preço de um bem trabalho intensivo como resultado da especialização,

a) estará associado a um aumento no salário nominal de mais de 10%.
b) estará associado a um aumento no salário nominal de menos de 10%.
c) estará associado a um aumento no salário nominal de 10%.
d) pode ter ou não um efeito no salário nominal.

31. Uma implicação do modelo de Heckscher-Ohlin é a seguinte:

a) O preço relativo do fator escasso descerá com a abertura ao comércio, mas menos que a descida do preço do bem importado.
b) Dada a imobilidade internacional dos fatores, a sua remuneração permanecerá diferente com a abertura ao comércio.
c) Dois países com gostos idênticos e condições iguais do lado da oferta podem, mesmo assim, ter uma base para o comércio.
d) Nenhuma das alíneas anteriores é verdadeira.

32. No contexto do modelo de Heckscher-Ohlin, em que o bem exportado é intensivo em trabalho e o bem que concorre com as importações é intensivo em capital, a abertura ao comércio não conduz a

a) uma subida do salário no setor que produz o bem exportado.
b) uma subida do salário no setor do bem que concorre com as importações.
c) um aumento na intensidade capitalística na produção dos dois bens.
d) uma diminuição da intensidade capitalística na produção do bem que concorre com as importações.

33. No modelo de Heckscher-Ohlin, se o país A é abundante em trabalho e o país B em capital, com a abertura ao comércio pode-se afirmar que

a) as remunerações do capital e do trabalho irão igualizar-se nos dois países.
b) as remunerações do capital e do trabalho aumentam em A.
c) a remuneração do capital deve diminuir e o salário deve aumentar em A e em B, mas o salário será superior em A.
d) a remuneração do capital deve aumentar e o salário deve diminuir em B e a remuneração do capital será superior em B.

34. Escolha a afirmação correta:

a) Em autarcia, o preço relativo de um bem será mais baixo no país abundante no fator no qual o bem é intensivo.
b) A diminuição no preço relativo de um fator está associada a uma diminuição no preço relativo do bem intensivo nesse fator, e vice-versa.
c) Quando o preço relativo dos bens é igual em dois países, o mesmo acontece com o preço relativo dos fatores, e vice-versa.
d) Todas as alíneas anteriores são verdadeiras.

35. O teorema da Igualização do Preço dos Fatores estabelece que:

a) O comércio de bens conduz à igualização dos preços relativos, mas não à dos preços absolutos dos fatores produtivos, a nível internacional.
b) O comércio de bens conduz à igualização dos preços relativos e absolutos dos fatores produtivos, a nível internacional.
c) Sob a hipótese de que a oferta de fatores se mantém constante, um aumento no preço de um bem faz aumentar a remuneração nominal e real do fator usado intensivamente na produção desse bem e reduz a remuneração nominal e real do outro fator.
d) O comércio de bens conduz à igualização dos preços absolutos, mas não à dos preços relativos dos fatores produtivos, a nível internacional.

36. No contexto das hipóteses do modelo de Heckscher-Ohlin, com a abertura ao comércio poderá não se verificar

a) o teorema de Heckscher-Ohlin.
b) o teorema de Rybczynski.
c) a lei do preço único.
d) a lei da procura e da oferta.

37. A ideia segundo a qual "o comércio livre de bens é um substituto da mobilidade internacional de fatores" tem a ver com o:

a) Teorema de Heckscher-Ohlin.
b) Teorema da Igualização do Preço dos Fatores.
c) Teorema de Stolper-Samuelson.
d) Teorema de Rybczynski.

38. No modelo de Fatores Específicos, onde o capital é imóvel entre setores, mas o trabalho goza de mobilidade perfeita,

a) a abertura ao comércio traz sempre ganhos para todos os fatores produtivos.
b) o fator produtivo fixo perde sempre com a abertura ao comércio.
c) o fator produtivo móvel ganha sempre com a abertura ao comércio.
d) o fator produtivo móvel pode não ganhar em termos da sua remuneração real com a abertura ao comércio.

39. No modelo de Fatores Específicos, onde o capital é imóvel entre setores, mas o trabalho goza de mobilidade perfeita, a abertura de um país abundante em trabalho

ao comércio internacional fará aumentar a remuneração real do capital no setor __________ e aumentar a remuneração nominal do trabalho _____________.

a) importador; no setor importador
b) exportador; nos setores exportador e importador
c) importador; no setor exportador
d) exportador; no setor importador

40. Seja o modelo de Fatores Específicos, onde o capital é imóvel entre setores, mas o trabalho goza de mobilidade perfeita, e um país abundante em trabalho. Se Px/Py em autarcia é menor que Px/Py no resto do mundo, com a abertura ao comércio o preço relativo do bem Y no país abundante em trabalho irá ______ e os consumidores com preferências acentuadas pelo bem ____ irão opor-se à abertura ao comércio.

a) aumentar; Y
b) aumentar; X
c) diminuir; Y
d) diminuir; X

41. No modelo de Fatores Específicos, onde o capital é imóvel entre setores, mas o trabalho goza de mobilidade perfeita, a abertura de um país ao comércio levará, relativamente ao modelo de Heckscher-Ohlin, a uma produção do bem com desvantagem comparativa _____________ .

a) inferior
b) superior
c) igual
d) igual ou diferente

42. Seja o modelo dos Fatores Específicos com o país I (trabalho abundante com duas indústrias – a X trabalho-intensiva e a Y capital-intensiva), no qual o capital não se pode deslocar entre indústrias e o trabalho é completamente móvel entre as duas indústrias. Se o país I se abrir ao comércio,

a) todos os trabalhadores no país I perderão.
b) todos os trabalhadores no país I ganharão.
c) os trabalhadores no país I que consomem sobretudo o bem X tenderão a perder e os trabalhadores no país I que consomem sobretudo o bem Y tenderão a ganhar.
d) os trabalhadores no país I que consomem sobretudo o bem X tenderão a ganhar e os trabalhadores no país I que consomem sobretudo o bem Y tenderão a perder.

43. No âmbito das alterações das hipóteses do modelo de Heckscher-Ohlin, suponha o caso de uma empresa monopolista no mercado interno, que também exporta, em condições de concorrência perfeita, conforme ilustrado no gráfico seguinte:

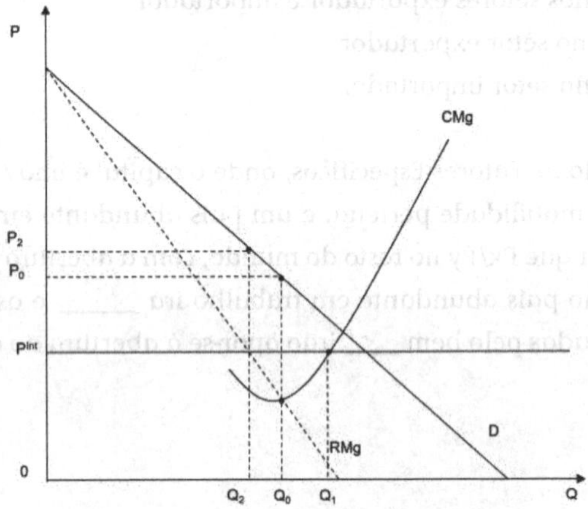

43.1. A abertura ao comércio conduziu a

a) uma diminuição da produção total de Q_1 para Q_0.
b) uma diminuição da produção total de Q_1 para Q_2.
c) um aumento da produção total de Q_0 para Q_1.
d) um aumento da produção total de Q_2 para Q_1.

43.2. A abertura ao comércio conduziu a

a) uma diminuição das vendas no mercado interno de Q_1 para Q_0.
b) uma diminuição das vendas no mercado interno de Q_0 para Q_2.
c) um aumento das vendas no mercado interno de Q_0 para Q_1.
d) um aumento das vendas no mercado interno de Q_2 para Q_1.

43.3. A quantidade exportada pela empresa equivale a

a) $Q_1 - Q_0$.
b) $Q_1 - Q_2$.
c) $Q_0 - Q_2$.
d) Q_1.

43.4. Podemos afirmar que:

a) O bem-estar dos consumidores nacionais pode alterar-se ou não se esta empresa passar também a exportar.
b) O bem-estar dos consumidores nacionais não se altera se esta empresa passar também a exportar.
c) O bem-estar dos consumidores nacionais aumenta se esta empresa passar também a exportar.
d) O bem-estar dos consumidores nacionais diminui se esta empresa passar também a exportar.

43.5. Podemos afirmar que:

a) Se a empresa passar a vender o seu produto também no mercado externo, o preço interno aumentará.
b) Se a empresa passar a vender o seu produto também no mercado externo, o preço interno diminuirá.
c) Se a empresa passar a vender o seu produto também no mercado externo, o preço interno manter-se-á.
d) Se a empresa passar a vender o seu produto também no mercado externo, o preço interno pode aumentar ou diminuir.

43.6. Podemos afirmar que:

a) A abertura ao comércio não altera o preço interno.
b) A abertura ao comércio igualiza o preço interno ao preço do mercado internacional.
c) A abertura ao comércio não igualiza o preço interno ao preço do mercado internacional.
d) A abertura ao comércio altera o preço no mercado internacional porque se trata de uma empresa monopolista.

44. O paradoxo de Leontief está associado a um estudo de 1947 sobre o comércio externo dos Estados Unidos, no qual Wassily Leontief observou que:

a) Sendo os Estados Unidos um país capital abundante, as suas exportações tendiam a ser capital intensivas.
b) Sendo os Estados Unidos um país capital abundante, as suas exportações tendiam a ser trabalho intensivas.

c) Sendo os Estados Unidos um país trabalho abundante, as suas exportações tendiam a ser capital intensivas.

d) Sendo os Estados Unidos um país trabalho abundante, as suas exportações tendiam a ser trabalho intensivas.

45. Qual das seguintes explicações não pode ser usada teoricamente para explicar o paradoxo verificado por Wassily Leontief nos EUA em 1947:

a) Direitos aduaneiros elevados nos EUA para bens intensivos em capital.

b) As importações dos EUA são trabalho intensivas nos parceiros comerciais dos EUA, mas a produção substituta de importações nos EUA é capital intensiva.

c) As matrizes de input-output que foram utilizadas não captam toda a informação necessária.

d) Os EUA exportam bens intensivos em trabalho muito qualificado e importam bens intensivos em trabalho pouco qualificado.

46. O paradoxo de Leontief verificado por Wassily Leontief nos EUA em 1947 poderia ter sido explicado pela reversibilidade da procura se

a) a procura dos EUA estivesse enviesada a favor dos bens capital intensivos e a procura dos parceiros comerciais enviesada a favor dos bens trabalho intensivos.

b) a procura dos EUA estivesse enviesada a favor dos bens trabalho intensivos e a procura dos parceiros comerciais enviesada a favor dos bens capital intensivos.

c) as importações dos EUA fossem trabalho intensivas nos parceiros comerciais, mas a sua produção é capital intensiva nos EUA.

d) as importações dos EUA fossem capital intensivas nos parceiros comerciais, mas a sua produção é trabalho intensiva nos EUA.

47. Assuma um país Pequeno nas condições do modelo de Heckscher-Ohlin, abundante em trabalho, no qual aumenta a dotação em trabalho mas a dotação em capital é fixa. Em termos de produção, iremos observar um efeito

a) ultra anti-comércio.

b) anti-comércio.

c) ultra pró-comércio.

d) pró-comércio.

48. Segundo o teorema de Rybczynski, o crescimento de um fator de produção usado na produção de dois bens, todas as outras coisas iguais, conduz a aumento da

a) produção dos dois bens, aumentando mais a do bem intensivo no fator que aumenta, e a ganhos no bem-estar.
b) produção do bem intensivo nesse fator e uma redução da produção do outro bem, e a ganhos de bem-estar.
c) produção dos dois bens, aumentando mais a do bem intensivo no fator que aumenta, sem ganhos de bem-estar.
d) produção do bem intensivo nesse fator e a uma redução da produção do outro bem, sem ganhos de bem-estar.

49. O gráfico seguinte ilustra o teorema de Rybczynski:

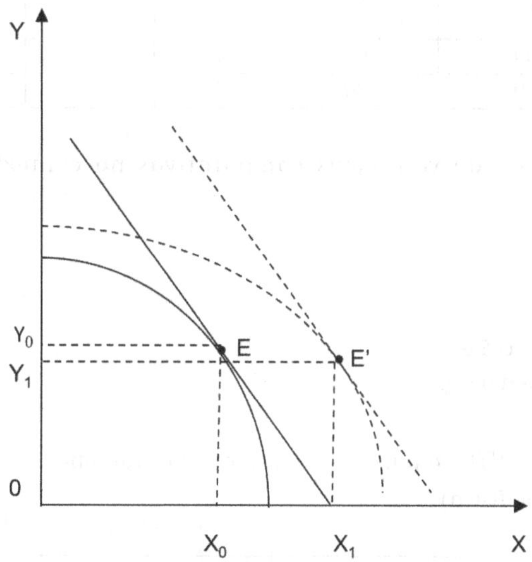

Pode-se, portanto, afirmar que este gráfico representa a situação de um país

a) Grande.
b) Pequeno.
c) exportador do bem X.
d) exportador do bem Y.

50. No contexto do teorema de Rybczynski, podemos afirmar que

a) ocorre uma descida do preço relativo do bem cuja produção aumenta.

b) ocorre uma subida da remuneração do fator usado intensivamente na produção do bem cuja produção aumenta.
c) ocorre uma alteração da intensidade fatorial na produção dos bens.
d) nenhuma das alíneas anteriores é verdadeira.

B. Resposta aberta

1. O quadro seguinte contém informação respeitante aos países A e B na situação de autarcia (K e L designam fatores produtivos; X e Y designam bens):

Países	Dotações fatoriais		Coeficientes técnicos			
	K	L	X		Y	
			K	L	K	L
A	200	400	1	4	2	4
B	300	320	2	3	3	5

Determine o padrão de vantagens comparativas no contexto do modelo de Heckscher-Ohlin.

Resolução

$K^A/L^A = 200/400 = 0{,}5$ e
$K^B/L^B = 300/320 = 0{,}9375$.

Dado que $K^A/L^A < K^B/L^B$, o país A é abundante em trabalho e o país B é abundante em capital (definição física).

$(Kx/Lx)^A = 1/4 = 0{,}25$	$(Kx/Lx)^B = 2/3 = 0{,}67$
$(Ky/Ly)^A = 2/4 = 0{,}5$	$(Ky/Ly)^B = 3/5 = 0{,}6$

Dado que $(Kx/Lx)^A < (Ky/Ly)^A$, no país A o bem X é intensivo em trabalho e o bem Y é intensivo em capital.

Dado que $(Kx/Lx)^B > (Ky/Ly)^B$, no país B o bem X é intensivo em capital e o bem Y é intensivo em trabalho.

Conclui-se que existe reversibilidade nas intensidades fatoriais. A informação que é apresentada é insuficiente para determinar o padrão de vantagens comparativas.

2. Os dados do quadro seguinte referem-se a uma economia aberta, em comércio com o resto do mundo, que exporta o bem X e que satisfaz todas as condições do modelo de Heckscher-Ohlin:

Quantidade de trabalho utilizada na indústria do bem X	200
Quantidade de trabalho utilizada na indústria do bem Y	400
Quantidade de capital utilizada na indústria do bem X	500
Quantidade de capital utilizada na indústria do bem Y	700
Produtividade marginal do trabalho na indústria do bem X (PMgLx)	3
Produtividade marginal do trabalho na indústria do bem Y(PMgLy)	1,5
Produtividade marginal do capital na indústria do bem X (PMgKx)	4
Produtividade marginal do capital na indústria do bem Y(PMgKy)	2

Diga, justificando, se concorda com as seguintes afirmações:

a) Trata-se de uma economia abundante no fator capital.
b) Antes da abertura ao comércio, o preço relativo do trabalho devia ser mais baixo nesta economia do que no resto do mundo.
c) O preço relativo do bem X no resto do mundo é de 0,5.
d) O preço relativo do trabalho no resto do mundo é igual a 1.
e) Após a abertura ao comércio, o preço relativo do trabalho nesta economia desceu e o preço relativo do capital subiu.
f) A economia produz 2600 unidades do bem X e 2500 unidades do bem Y.

Resolução

a) Sabe-se que a economia exporta o bem X. Logo, pelo teorema de Heckscher-Ohlin, deve tratar-se de uma economia abundante no fator que é utilizado intensivamente na produção deste bem. Calculando os rácios da intensidade capitalística em cada uma das indústrias, tem-se:

$Kx/Lx = 500/200 = 2{,}5;$
$Ky/Ly = 700/400 = 1{,}75.$

Dado que se tem $Kx/Lx > Ky/Ly$, conclui-se que a indústria do bem X é intensiva em capital e a do bem Y é intensiva em trabalho. A economia é, por isso, abundante no fator capital, pelo que a afirmação é verdadeira.

b) Dado que se verificam as condições do modelo de Heckscher-Ohlin, a definição física de abundância fatorial coincide com a respetiva definição económica. Como a economia em causa é abundante em capital, o preço relativo do capital (trabalho) em autarcia deverá ser inferior (superior) ao do resto do mundo em autarcia. Trata-se, portanto, de uma afirmação falsa.

c) Uma vez que a economia em causa e o resto do mundo estão em comércio livre, o preço relativo dos bens deverá ser igual nas duas economias. Trata-se, por isso, de determinar o preço relativo de X na situação de comércio livre na economia considerada.

Sejam *W* e *r* a remuneração do trabalho e do capital, respetivamente. Sabe-se que:

$Wx = PMgLx \cdot Px$ ($r_x = PMgKx \cdot Px$);

$Wy = PMgLy \cdot Py$ ($r_y = PMgKy \cdot Py$);

$Wx = Wy$ ($r_x = r_y$);

$PMgLx \cdot Px = PMgLy \cdot Py$ ($PMgKx \cdot Px = PMgKy \cdot Py$);

$Px/Py = PMgLy/PMgLx$ ($Px/Py = PMgKy/PMgKx$);

$Px/Py = 1,5/3 = 0,5$ ($Px/Py = 2/4 = 0,5$).

Conclusão: a afirmação é verdadeira.

d) Uma vez que a economia em causa e o resto do mundo estão em comércio livre, o preço relativo dos fatores deverá ser igual nas duas economias, pois no âmbito do modelo de Heckscher-Ohlin o comércio livre conduz à igualização do preço dos fatores. Assim, o problema resume-se a determinar o preço relativo do trabalho na situação de comércio livre na economia considerada. Como:

$W/r = PMgLx/PMgKx$ ($= PMgLy/PMgKy$);

$W/r = 3/4$.

Conclusão: a afirmação é falsa.

e) No âmbito do modelo de Heckscher-Ohlin, a abertura ao comércio faz subir o preço relativo do fator abundante e descer o preço relativo do fator escasso. Sendo a economia em causa abundante em capital, conclui-se que a abertura ao comércio com o resto do mundo provocou uma subida do preço relativo do capital e uma diminuição do preço relativo do trabalho. A afirmação está, por isso, correta.

f) Pelo teorema de Euler, tem-se (em que Q se refere à quantidade produzida do bem):

$Qx = Lx \cdot PMgLx + Kx \cdot PMgKx$;

$Qx = 200 \cdot 3 + 500 \cdot 4$;

$Qx = 2600$;

$Qy = Ly \cdot PMgLy + Ky \cdot PMgKy;$

$Qy = 400 \cdot 1{,}5 + 700 \cdot 2;$

$Qy = 2000.$

A economia produz 2600 unidades de X e 2000 unidades de Y. A afirmação está correta em relação à produção de X, mas é falsa em relação à produção de Y.

3. Comente a seguinte afirmação: "The Heckscher-Ohlin theory of comparative advantage was produced as an alternative to the Ricardian model and had an ideological mission: the elimination of the labor theory of value and the incorporation of the neoclassical price mechanism into international trade theory." (Subasat, T., 2003, "What Does the Heckscher-Ohlin Model Contribute to International Trade Theory? A Critical Assessment", *Review of Radical Political Economics*, vol. 35, 2: abstract)

Resolução

De facto, no modelo de Ricardo os preços (relativos) em autarcia e, consequentemente, a vantagem comparativa, são exclusivamente determinados com base na informação sobre o lado da oferta (com base na lei do Valor-Trabalho), enquanto no modelo de Heckscher-Ohlin são determinados pelas condições da oferta e da procura. Esta diferença resulta de o primeiro modelo considerar custos de oportunidade constantes, enquanto no segundo se assumem custos de oportunidade crescentes.

4. O gráfico seguinte ilustra a situação de equilíbrio em autarcia dos países A e B, que produzem os bens X e Y com os fatores produtivos K e L e estão nas condições assumidas pelo modelo de Heckscher-Ohlin. Sabe-se ainda que o bem X é intensivo no fator L.

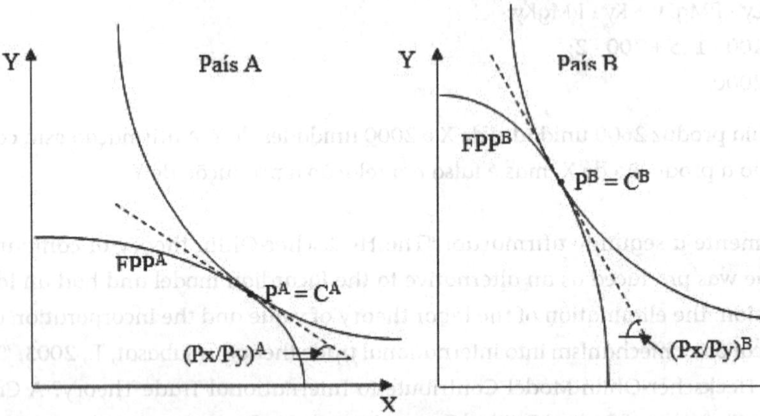

Diga se concorda com as seguintes afirmações, justificando a sua resposta:

a) L é o fator produtivo abundante no país A.

b) Se os dois países se abrirem ao comércio, o preço relativo de K no país B vai subir.

Resolução

a) A afirmação está correta. $(Px/Py)^A < (Px/Py)^B$, donde o país A tem vantagem comparativa no bem X. De acordo com o teorema de Heckscher-Ohlin, um país tem vantagem comparativa no bem que utiliza intensivamente o fator produtivo abundante. Como X é intensivo em L, A será abundante em L.

b) A afirmação está correta. Ao abrir-se ao comércio, $(Py/Px)^B$ vai subir para $(Py/Px)^{Int}$, com $(Py/Px)^B < (Py/Px)^{Int} < (Py/Px)^A$. De acordo com o teorema de Stolper-Samuelson, irá subir o preço relativo do fator utilizado intensivamente na produção de Y, isto é, de K.

5. Os resultados do modelo de Heckscher-Ohlin estão condicionados pela hipótese de as tecnologias serem idênticas em todos os países. Discuta a aderência desta hipótese à realidade das economias modernas.

Resolução

O modelo de Heckscher-Ohlin assume que o conhecimento sobre tecnologias é como que colocado numa "caixa negra", à qual têm livre acesso todos os países e empresas.

Atualmente, grande parte dos desenvolvimentos tecnológicos acontece no seio de empresas com o objetivo de melhorar e desenvolver processos e produtos. A atividade científica está fortemente ligada à atividade económica, sendo uma das fontes de vantagem competitiva das empresas e dos países. Daqui decorre que os desenvolvimentos tecnológicos são mantidos em segredo durante o máximo de tempo possível ou protegidos por patentes. Eles não são de livre acesso, não só porque frequentemente não são conhecidos fora da empresa e do país onde as novas tecnologias nascem, como também porque, mesmo que o sejam, o acesso exige recursos financeiros e humanos capazes de os poder utilizar. Em suma, o conhecimento tecnológico não se dissemina tão facilmente como o modelo de Heckscher-Ohlin pressupõe, e a tecnologia não é idêntica em todos os países. No entanto, este facto não invalida os resultados do modelo, embora os relativize. Ou seja, a dotação relativa de fatores pode ser um elemento explicativo do comércio internacional, mas certamente não é o único. As diferenças tecnológicas podem constituir outro elemento explicativo desse comércio, tal como se conclui a partir do modelo de Ricardo e de outras teorias mais modernas.

6. Considere dois países (A e B) em situação de autarcia e que utilizam os fatores produtivos capital e trabalho para produzir os bens X e Y. O bem Y é intensivo em capital e o país A é abundante em trabalho pela definição física de abundância fatorial, e verificam-se as condições do modelo de Heckscher-Ohlin relativas aos fatores, concorrência e tecnologias. Caso estes países decidam abrir as suas fronteiras ao comércio, explique, para cada caso, que consequências advêm para o teorema de Heckscher-Ohlin, recorrendo a ilustração gráfica:

a) No país A, as preferências dos consumidores estão enviesadas a favor do bem X e no país B a favor do bem Y e em autarcia $(Px/Py)^A < (Px/Py)^B$.
b) No país A, as preferências dos consumidores estão enviesadas a favor do bem X e no país B a favor do bem Y e em autarcia $(Px/Py)^A > (Px/Py)^B$.
c) No país A, as preferências dos consumidores estão enviesadas a favor do bem X e no país B a favor do bem Y e em autarcia $(Px/Py)^A = (Px/Py)^B$.

Resolução

a) O enviesamento da procura pode determinar que em autarcia $(Px/Py)^A > (Px/Py)^B$. Para que tal aconteça, as preferências têm de ser fortemente enviesadas em relação ao bem exportado por cada uma das economias, tornando o salário relativo superior em A. No gráfico abaixo, o enviesamento da procura não é suficiente para pôr em causa o resultado previsto pelo teorema de Heckscher-Ohlin, que é $(Px/Py)^A < (Px/Py)^B$, e a economia A exportará o bem X e a economia B o bem Y.

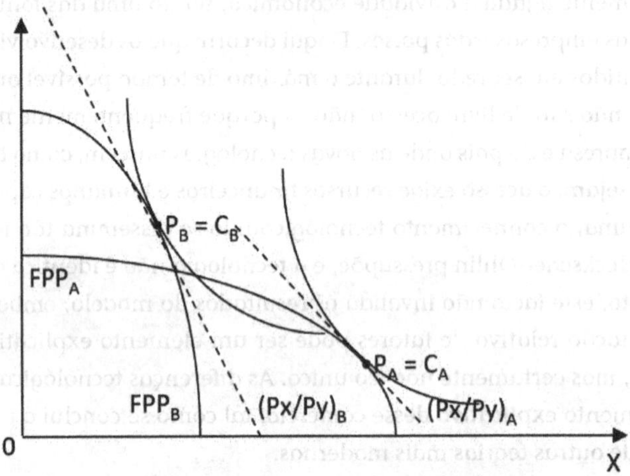

b) Uma vez que o enviesamento da procura determina que $(Px/Py)^A > (Px/Py)^B$, conclui-se que o país A se deve especializar em Y e o país B em X. Neste caso, o enviesamento da procura inverte o resultado previsto pelo teorema de Heckscher-Ohlin (trata-se do fenómeno designado de reversibilidade da procura), conforme ilustrado no gráfico abaixo.

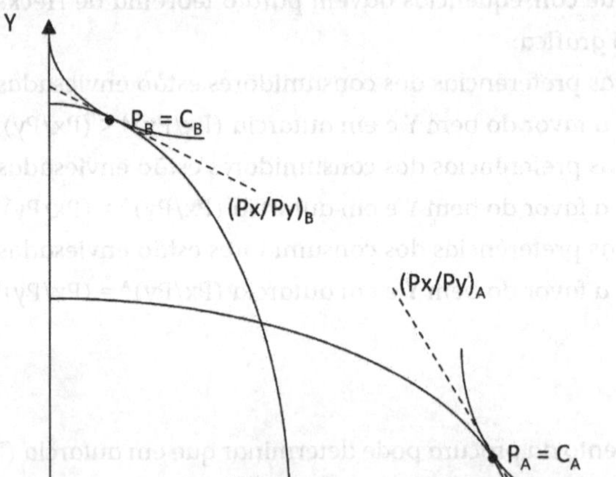

c) Conforme ilustrado no gráfico abaixo, neste caso, o enviesamento da procura determina que $(Px/Py)^A = (Px/Py)^B$ e conclui-se que não há condições para haver comércio.

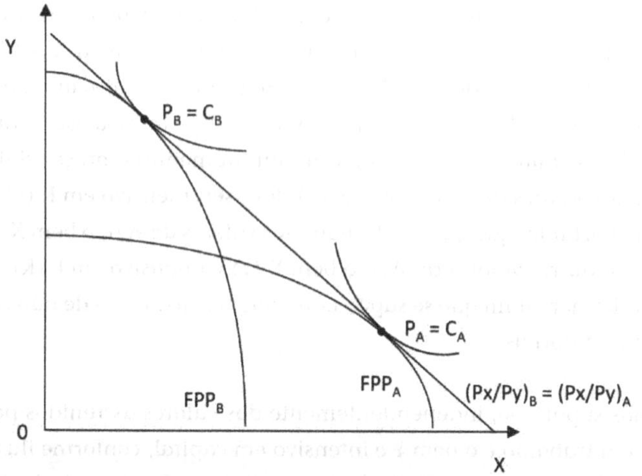

7. Suponha dois países, A e B, produzindo dois bens, X e Y, com dois fatores produtivos, K e L. O país A é abundante em trabalho pela definição económica. A relação entre o preço relativo dos fatores e o preço relativo dos bens é dada pela ilustração gráfica seguinte:

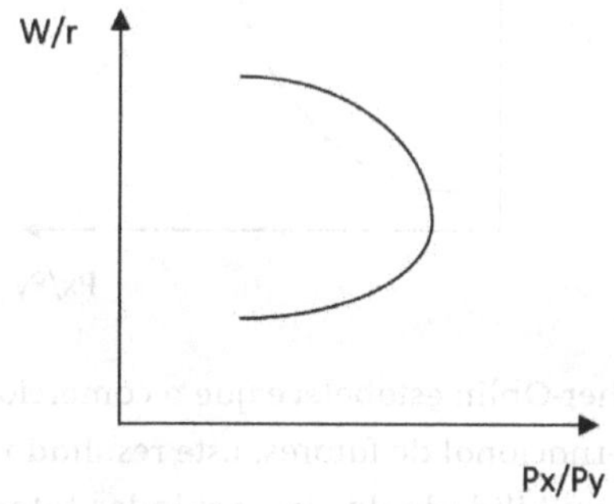

a) Diga, justificando, qual a hipótese do modelo de Heckscher-Ohlin que se supõe não estar verificada nesta representação gráfica.
b) Corrija essa hipótese de forma que a vantagem comparativa possa ser inequivocamente determinada pelo teorema de Heckscher-Ohlin e ilustre graficamente a nova relação entre W/r e Px/Py.

Resolução

a) Pela representação gráfica verifica-se que, para valores de W/r relativamente baixos, a relação entre W/r e Px/Py é direta, isto é, quando o preço relativo do trabalho aumenta (diminui), aumenta (diminui) o preço relativo do bem X. Assim, para estes valores de W/r, o bem X (Y) deve ser intensivo em L (K). Por outro lado, para valores de W/r relativamente elevados, a relação entre W/r e Px/Py é inversa, isto é, quando o preço relativo do trabalho aumenta (diminui), diminui (aumenta) o preço relativo do bem X. Assim, para estes valores de W/r, o bem X (Y) deve ser intensivo em K (L).

Verifica-se, portanto, que, para determinados valores de W/r, o bem X (Y) é intensivo em K (L) e, para outros valores de W/r, o bem X (Y) é intensivo em L (K). A hipótese do modelo de Heckscher-Ohlin que se supõe não estar verificada é a de não reversibilidade das intensidades fatoriais.

b) Podemos supor que, independentemente dos valores assumidos por W/r, o bem X é intensivo em trabalho e o bem Y é intensivo em capital, conforme ilustrado abaixo. Se assim for, dado que o país A (B) é relativamente abundante em trabalho (capital), o teorema de Heckscher-Ohlin garante que ele tem vantagem comparativa no bem X (Y).

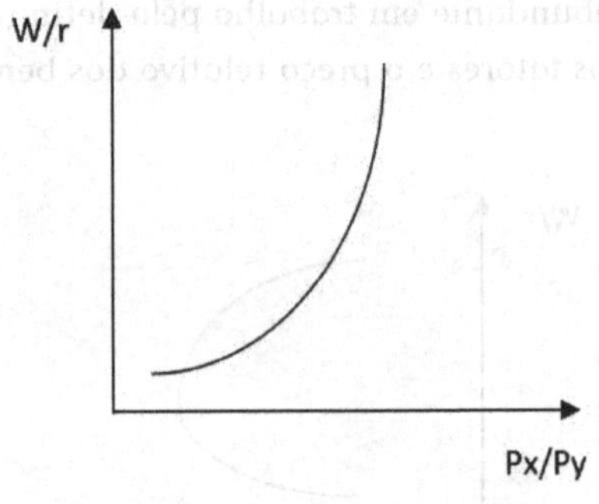

8. A teoria de Heckscher-Ohlin estabelece que o comércio livre de bens é um substituto da mobilidade internacional de fatores. Este resultado pode ser posto em causa com a existência de reversibilidade das intensidades fatoriais? Justifique e ilustre graficamente.

Resolução

Seja a relação entre o preço relativo do trabalho (W/r) e o preço relativo do bem X (Px/Py) do tipo da indicada pela curva da figura abaixo (convexa em relação ao eixo W/r), traduzindo a hipótese de reversibilidade das intensidades fatoriais. Por hipótese, em autarcia, os preços relativos de X em A e em B são, respetivamente, $(Px/Py)^A$ e $(Px/Py)^B$. Dado que A produz o bem X a preços relativos mais baixos, ele vai exportar este bem e importar Y. O preço de equilíbrio no mercado internacional situar-se-á em $(Px/Py)^I$, o qual passará a vigorar em ambos os países. A este novo preço relativo dos bens correspondem, em A e em B, novos preços relativos para os fatores. Contudo, como se conclui a partir da figura abaixo, estes novos preços continuam a ser diferentes, isto é, a igualização dos preços dos bens entre países não conduziu à igualização dos preços relativos dos fatores, e não se pode afirmar que o comércio livre de bens substitui a mobilidade de fatores para efeitos de igualização dos preços destes.

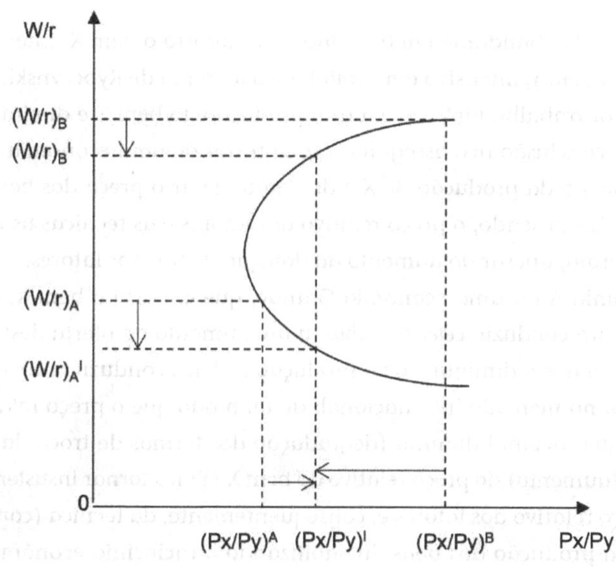

9. No âmbito do modelo de Heckscher-Ohlin diga, justificando, se é possível que, com a abertura ao comércio, todas as indústrias num país se tornem menos intensivas no fator produtivo relativamente abundante.

Resolução

Pelo Teorema de Solper-Samuelson, com a abertura ao comércio sobe o preço do fator utilizado intensivamente na produção do bem exportado, e como há, em cada país, mobilidade plena dos fatores, essa subida irá afetar no mesmo sentido a remuneração nos dois setores, levando a uma alteração das técnicas (combinação dos dois fatores produtivos) usadas na produção dos bens no sentido do enunciado. Note-se que, apesar disso, não se gera excesso de oferta do fator abundante nem excesso de procura do fator escasso, pelo facto de a produção do bem intensivo no fator abundante aumentar e a produção do bem intensivo no fator escasso diminuir.

10. Mostre que o teorema de Rybczynski não se aplica no caso de um país Grande.

Resolução

Seja a economia A, abundante em trabalho, que exporta o bem X, intensivo em trabalho, e importa o bem Y, intensivo em capital. Pelo teorema de Rybczynski, o aumento da dotação do fator trabalho fará aumentar a produção do bem X e diminuir a produção do bem Y. Esta conclusão fica assegurada se se tratar de uma economia Pequena, pelo facto de a variação da produção de X e de Y não afetar o preço dos bens no mercado internacional. Assim sendo, o preço relativo dos fatores e as técnicas usadas na produção não se alteram, apesar do aumento da dotação de um dos fatores.

Se a economia A for uma economia Grande, que exporta o bem X, o aumento na produção de X irá conduzir, *ceteris paribus*, a um aumento da oferta deste bem no mercado internacional, e a diminuição na produção de Y irá conduzir a um excesso de procura deste bem no mercado internacional, de tal modo que o preço relativo do bem X no mercado internacional diminui (degradação dos termos de troca da economia A). A diminuição (aumento) do preço relativo do bem X (Y) irá tornar insustentável a manutenção do preço relativo dos fatores e, consequentemente, da técnica (combinação fatorial) usada na produção dos bens, inviabilizando o raciocínio económico subjacente ao Teorema (que supõe que o setor intensivo em capital liberta algum do seu capital para ser usado com o trabalho no setor intensivo em trabalho, de forma a que K/L não se altere nos dois setores).

11. No quadro do modelo de Heckscher-Ohlin (HO), comente a seguinte afirmação: "Se o comércio internacional ocorrer de acordo com o teorema de HO, podemos

afirmar que a globalização económica contribui para diminuir a desigualdade nos países menos desenvolvidos".

Resolução

Conjugando o teorema de HO com o teorema de Stolper- Samuelson, podemos esperar que nos países menos desenvolvidos o comércio livre beneficie o fator trabalho (trabalho pouco qualificado), que é o fator abundante nesses países, e contribua para diminuir a desigualdade na repartição do rendimento entre trabalho e capital.

12. No âmbito do modelo de Heckscher-Ohlin, será de esperar uma convergência de interesses entre empresários e trabalhadores perante a perspetiva de liberalização do comércio com o exterior? E no âmbito do modelo de Fatores Específicos? Justifique, considerando que a economia exportadora é abundante em trabalho, e faça a análise em termos da remuneração nominal e real dos fatores.

Resolução

Segundo o teorema de Solper-Samuelson, a liberalização do comércio conduz a um aumento da remuneração nominal e real do fator abundante e a uma diminuição na remuneração nominal e real do fator escasso. Se o trabalho for o fator abundante, é de supor que os trabalhadores apoiem a liberalização do comércio e os empresários a ela se oponham, e que a situação se inverta se o capital for o fator abundante. Este resultado corresponde ao prazo suficientemente longo para que os fatores se desloquem entre setores, levando à igualização da remuneração dos fatores nos dois setores. No contexto do modelo de Heckscher-Ohlin não se espera, portanto, uma convergência de interesses entre empresários e trabalhadores perante a perspetiva de liberalização do comércio com o exterior.

No modelo de Fatores Específicos (curto prazo), o resultado é diferente. Supondo que o país em causa é abundante em trabalho, irá especializar-se na produção do bem intensivo em trabalho. A liberalização do comércio com o exterior implicará um aumento do preço relativo do bem de exportação e uma diminuição no preço relativo do bem que concorre com as importações. Consequentemente, a remuneração nominal do trabalho aumenta, assim como a remuneração nominal do capital específico da indústria do bem de exportação. Isto deve-se ao facto de o aumento da produção do bem de exportação requerer não só mais trabalho como também mais capital. Contudo, dada a especificidade do capital, este não é deslocável da indústria do bem que concorre com as importações para a indústria do bem de exportação. Em consequência, cria-se um excesso de procura no mercado do capital específico da indústria do bem de exportação, o que fará aumentar a sua remuneração nominal. Quanto à indústria do bem que concorre com as importações, ela deverá fornecer o trabalho necessário ao aumento da produção na indústria do bem de exportação. Esta transferência de trabalho entre indústrias gera subutilização de capital na indústria do bem que concorre com as importações, o que faz diminuir a sua remuneração nominal, por se gerar um excesso de oferta. Neste caso, é natural, portanto, que, perante a perspetiva de liberalização do comércio, tanto os trabalhadores como os empresários da indústria do bem de exportação sejam favoráveis e que os empresários da indústria do bem que concorre com as importações se oponham. Haverá convergência de interesses na primeira indústria e divergência na segunda. Se considerarmos a remuneração dos fatores em termos reais (que tem em consideração o comportamento da produtividade marginal dos fatores), mantém-se a conclusão relativamente ao fator capital. Todavia, no caso do fator trabalho, a remuneração irá subir somente em termos do preço do bem importado, e descer em termos do preço do bem exportado, pelo que o interesse dos trabalhadores na abertura ao comércio irá depender do seu padrão de consumo.

CAPÍTULO 4
TEORIAS DO COMÉRCIO PÓS-HECKSCHER-OHLIN

TÓPICOS

Comércio inter-ramo versus comércio intra-ramo
- **Tipos de comércio intra-ramo**
- **Razões para o comércio intra-ramo**
- **Medição do comércio intra-ramo**

Teorias do comércio pós-Heckscher-Ohlin
- **Teoria do Ciclo do Produto**[1]
- **Teoria de Linder**[2]
- **Modelo de Kemp**[3]
- **Modelo de Falvey (neo-Heckscher-Ohlin)**[4]
- **Modelo de Krugman**[5]
- **Modelo de duopólio com custos de transporte**[6]

---

[1] Vernon, Raymond (1966), "International Investment and International Trade in the Product Cycle", *Quarterly Journal of Economics*, 80, pp. 190-207.

[2] Linder, Staffan Burenstam (1961), *An Essay on Trade and Transformation*, New York: John Wily and Sons.

[3] Kemp, Murray C. (1964), *The Pure Theory of International Trade*, Englewood Cliffs, NJ: Prentice-Hall, chapter 8.

[4] Falvey, Rodney E. (1981), "Commercial Policy and Intra-Industry Trade", *Journal of International Economics*, 11, no. 4, pp. 495-511.

[5] Krugman, Paul R. (1979), "Increasing Returns, Monopolistic Competition, and International Trade.", *Journal of International Economics*, 9, nº 4, pp. 469-79.

[6] Para a introdução de custos de transporte num modelo de duopólio com comércio internacional, ver Brander, James (1981), "Intraindustry Trade in Identical Commodities", *Journal of International Economics*, 11, pp. 1-14.

- **Modelo de Melitz**[7]
- **Nova Geografia Económica**[8]

A. Escolha múltipla

1. A situação em que um país exporta e importa bens classificados na mesma categoria é conhecida por comércio ___________, comércio esse que tem sido mais intenso sobretudo em países ________.

a) intra-ramo; desenvolvidos
b) intra-ramo; a nível geral
c) inter-ramo; desenvolvidos
d) inter-ramo; a nível geral

2. Se um determinado país exporta 200 unidades monetárias de determinado bem e ao mesmo tempo importa 120 unidades monetárias do mesmo bem, então o índice de comércio intra-ramo de Grubel-Lloyd assume o valor de:

a) 25%.
b) 60%.
c) 75%.
d) 62,5%.

3. O comércio intra-ramo pode ser explicado por:

a) preferências diferentes por parte dos consumidores.
b) problemas de agregação estatística de produtos.
c) rendimentos crescentes à escala.
d) todas as anteriores.

4. Relativamente à teoria do Ciclo do Produto,

a) assume-se que os fatores de produção são imóveis entre países.

---

[7] Melitz, Marc J. (2003), "The Impact of Trade on Intra-Industry Reallocations and Aggregate Industry Productivity", *Econometrica*, 71, nº 6, pp. 1695-725.

[8] Krugman, Paul R. (1991), *Geography and Trade*, Leuven, Belgium: Leuven University Press, and Cambridge, MA: MIT Press.

b) assume-se, à semelhança da teoria Neoclássica, a produção em contexto de concorrência perfeita.
c) os preços dos fatores não têm papel explicativo nos padrões de comércio, já que a teoria constitui uma alternativa ao modelo das dotações fatoriais.
d) existe evidência de que os países em desenvolvimento podem estar a exportar produtos "antigos" e esta evidência é consistente com a teoria.

5. A ideia de que as tecnologias se difundem com "imitation lag" é válida
a) no modelo de Linder.
b) no modelo de Kemp.
c) na Teoria do Ciclo do Produto.
d) em todos os modelos das alíneas anteriores.

6. Qual das seguintes afirmações não é consistente com a teoria do Ciclo do Produto?
a) Os países em desenvolvimento exportam bens manufaturados "maduros", imitando a tecnologia usada pelos países que inicialmente os desenvolveram.
b) Os Estados Unidos exportam produtos manufaturados "novos".
c) As exportações iniciais do produto têm origem em setores com atividades de I&D fortes.
d) O modelo é desenvolvido com base em vantagens comparativas dinâmicas.

7. Na teoria do Ciclo do Produto, o aproveitamento de economias de escala começa
a) na fase de introdução.
b) na fase de maturidade.
c) na fase de estandardização.
d) em nenhuma das anteriores fases, porque a teoria não prevê a existência de economias de escala.

8. De acordo com a teoria do Ciclo do Produto,
a) numa fase da vida do produto, os países menos desenvolvidos podem apresentar vantagens comparativas.
b) os países menos desenvolvidos não têm condições para ser exportadores.
c) os países desenvolvidos não entram no comércio de produtos maduros.
d) a inovação não influencia os fluxos de comércio.

9. A teoria do Ciclo do Produto contrasta com a teoria de Heckscher-Ohlin porque considera

a) tecnologias diferenciadas internacionalmente.
b) rendimentos crescentes à escala.
c) mobilidade internacional do fator capital.
d) todas as hipóteses anteriores.

10. Na teoria do Ciclo do Produto, ocorre a deslocalização da produção

a) nas fases de maturidade e de estandartização.
b) na fase de maturidade.
c) na fase de estandardização.
d) em nenhuma das fases anteriores, porque se trata de uma teoria que pretende explicar o comércio e não o investimento estrangeiro.

11. Escolha a alínea que lhe pareça correta:

a) A teoria do Ciclo do Produto é desvalorizada na explicação das Cadeias de Valor Globais, na medida em que, nesta última, o produto não evolui através de um ciclo.
b) A teoria do Ciclo do Produto contrasta com o modelo Ricardiano da vantagem comparativa, na medida em que considera a existência de vantagens comparativas dinâmicas.
c) Com a inserção em Cadeias de Valor Globais, os países em desenvolvimento continuam a depender em boa medida dos mesmos fatores de especialização previstos pela teoria do Ciclo do Produto.
d) Todas as alíneas anteriores são verdadeiras.

12. A fronteira de possibilidades de produção no modelo Neoclássico é ________ em relação à origem dos eixos; no modelo de Kemp é ________ em relação à origem dos eixos.

a) côncava; também côncava
b) côncava; convexa
c) convexa; côncava
d) convexa; também convexa

13. O ponto de equilíbrio na produção no modelo de Kemp é um ponto de equilíbrio ________.

a) estável.

b) que não se pode identificar.
c) instável.
d) talvez estável, consoante as condições da oferta e da procura.

14. Dada a seguinte fronteira de possibilidade de produção convexa em relação à origem, como no modelo de Kemp, suponha que há uma deslocação do ponto de produção E na direção do ponto F, sem que o preço dos bens se altere. Com esta deslocação, Px/Py ficará ______ COxy e o ponto de produção deslocar-se-á ________.

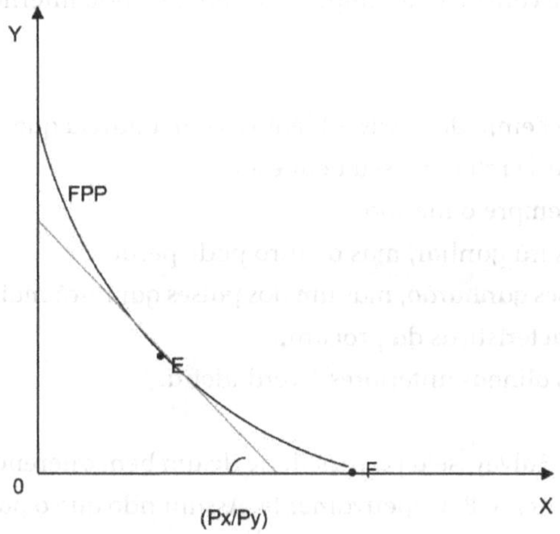

a) menor do que; de volta ao ponto E
b) menor do que; para um ponto mais afastado do ponto E, em direção a F
c) maior do que; em direção a F
d) maior do que; para um ponto mais afastado do ponto E, na direção oposta a F

15. A alteração do equilíbrio autárcico no modelo de Kemp
a) pode ser identificada com o "choque histórico" da Nova Geografia Económica.
b) é exógena ao modelo.
c) altera a relação entre custos de oportunidade sociais e o preço relativos dos bens.
d) tem a ver com todas as alíneas anteriores.

16. No quadro do modelo de Kemp, diga qual é a afirmação verdadeira:
a) Se nos dois países as condições da oferta e da procura são idênticas em autarcia, então não há condições para o comércio.

b) Há economias de escala internas à firma.
c) Há economias de escala externas à firma.
d) Os custos de oportunidade são crescentes.

17. No modelo de Kemp, tende a ocorrer
a) especialização completa e comércio intra-ramo.
b) especialização completa e comércio inter-ramo.
c) especialização sempre incompleta, qualquer que seja o tipo de comércio.
d) a existência de concorrentes imperfeitos no mercado interno de, pelo menos, um dos países.

18. No modelo de Kemp, dois países idênticos em autarcia que se abrem ao comércio internacional, no que se refere ao seu bem-estar,
a) irão ganhar sempre o mesmo.
b) um dos países irá ganhar, mas o outro pode perder.
c) ambos os países ganharão, mas um dos países ganhará mais do que o outro, consoante as características da procura.
d) nenhuma das alíneas anteriores é verdadeira.

19. No modelo de Falvey, seja j a variedade de um bem diferenciado e c_{Aj} e c_{Bj} o custo de produzir j nos países A e B, respetivamente. Assumindo que o país A é trabalho abundante e B é capital abundante, e que c_{Aj} é menor do que c_{Bj}, _______________.
a) a variedade j tem uma qualidade baixa relativamente à variedade "marginal" do bem (a que tem igual custo nos dois países) e será exportada pelo país B
b) a variedade j tem uma qualidade baixa relativamente à variedade "marginal" do bem (a que tem igual custo nos dois países) e será exportada pelo país A
c) a variedade j tem uma qualidade alta relativamente à variedade "marginal" do bem (a que tem igual custo nos dois países) e será exportada pelo país B
d) a variedade j tem uma qualidade alta relativamente à variedade "marginal" do bem (a que tem igual custo nos dois países) e será exportada pelo país A

20. Aspetos importantes da teoria de Linder do comércio são focar padrões de ______ na determinação do padrão de comércio entre países e introduzir, em contraste com as teorias tradicionais do comércio, o conceito geral de comércio _______.
a) procura; intra-ramo horizontal
b) procura; intra-ramo vertical

c) oferta; intra-ramo horizontal
d) oferta; intra-ramo vertical

21. Na teoria de Linder, um país exportará bens para outros países ______________ e a maior parte do comércio externo desse país realiza-se com países que têm um rendimento *per capita* ________ seu.
a) que também produzem esses bens; muito diferente do
b) que não produzem esses bens; similar ao
c) que também produzem esses bens; similar ao
d) que não produzem esses bens; muito diferente do

22. A teoria de Linder pressupõe que os gostos dos consumidores dependem
a) da abertura ao comércio internacional.
b) das preferências no passado.
c) do rendimento.
d) do grau de qualificação do trabalho.

23. De acordo com a teoria de Linder, o tipo de bens produzidos num país reflete
a) a tecnologia disponível.
b) a dotação fatorial disponível.
c) a capacidade de I&D do país.
d) o nível de rendimento dos consumidores desse país.

24. De acordo com a teoria de Linder, o comércio acontece em bens
a) que são altamente sofisticados.
b) para os quais há sobreposição da procura nos países que comercializam.
c) para os quais o país importador não tem bens substitutos.
d) para os quais o país exportador não tem procura interna.

25. Na teoria de Linder, o comércio pode ser explicado
a) por o produtor ser avesso ao risco, preferindo mercados que lhe sejam familiares.
b) pela diferenciação vertical do produto.
c) por semelhanças no nível do rendimento dos consumidores.
d) por todas as razões expressas nas alíneas anteriores.

26. Deduz-se da teoria de Linder que:

a) Quanto mais próximos estiverem os níveis de rendimento *per capita* de dois países, mais intensos serão os fluxos de comércio entre si.
b) Quanto mais próximos estiverem os níveis de rendimento *per capita* de dois países, menos intensos serão os fluxos de comércio entre si.
c) Quanto mais próximos estiverem os níveis de rendimento *per capita* de dois países, maior é a probabilidade de ocorrerem situações de especialização completa.
d) Quanto mais próximos estiverem os níveis de rendimento *per capita* de dois países, menor é a probabilidade de ocorrerem situações de especialização completa.

27. Uma das principais insuficiências da teoria de Linder tem a ver com o facto de não ser capaz de

a) apresentar fatores explicativos do comércio externo.
b) prever o padrão de comércio externo.
c) ser testada empiricamente.
d) explicar o comércio intra-ramo.

28. No âmbito do comércio internacional, a expressão "diferenciação de produtos" pode significar

a) que diferentes produtos têm obrigatoriamente de ter etiquetas diferentes para poderem entrar no mercado do país importador.
b) que os produtos têm de ter obrigatoriamente a informação "made in".
c) que dois produtos iguais têm caraterísticas distintivas, para o mesmo preço.
d) que os recursos usados para produzir os bens podem ser diferentes.

29. O modelo de Krugman assenta nas seguintes hipóteses:

a) concorrência monopolística.
b) custos marginais constantes.
c) condições da oferta e da procura idênticas nos países que comercializam.
d) todas as referidas nas alíneas anteriores.

30. No modelo de Krugman, os fatores produtivos são:

a) o trabalho e o capital.
b) só o trabalho.
c) só o capital.
d) trabalho qualificado e não qualificado.

31. No modelo de Krugman, quando um país se abre ao comércio internacional, a produção total de cada empresa ________ e o consumo *per capita* de cada variedade ________.

a) aumenta; diminui
b) aumenta, também aumenta
c) diminui; também diminui
d) diminui; aumenta

32. No modelo de Krugman, identifique o que não se aplica:

a) A função de produção utiliza um único fator produtivo e garante a existência de economias de escala internas.
b) Com a abertura ao comércio, há um aumento do salário real.
c) A diferenciação do produto é horizontal.
d) O custo fixo unitário é constante.

33. No modelo de Krugman, temos a seguinte situação:

a) Com a abertura ao comércio, há um efeito de racionalização da produção que leva ao desaparecimento de algumas empresas.
b) A função de produção tem em consideração as diferenças na produtividade de cada empresa.
c) Após a abertura ao comércio, a produção de cada empresa para o mercado interno aumenta.
d) A diferenciação do produto é vertical.

34. Considere o gráfico seguinte, que ilustra o modelo de comércio de Krugman com rendimentos crescentes e diferenciação do produto:

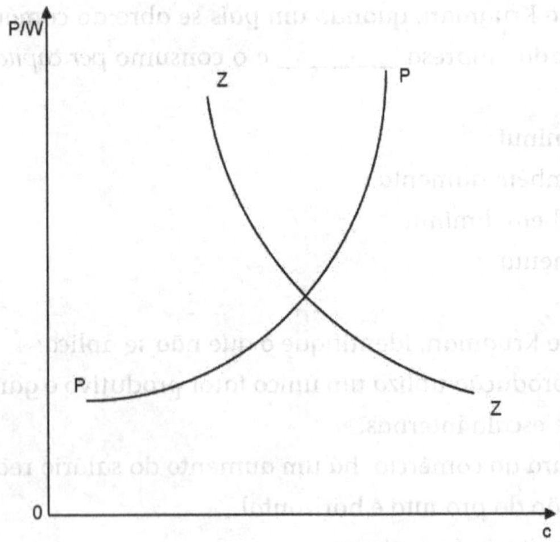

34.1. O preço que maximiza o lucro no curto prazo para a empresa é representado pela curva _________; para além disso, o declive desta curva reflete a hipótese de que, à medida que o consumo do bem por um indivíduo aumenta, a procura desse indivíduo torna-se _______ elástica.

a) PP; menos
b) PP; mais
c) ZZ; menos
d) ZZ; mais

34.2. A curva __________ é baseada na condição de lucro nulo e o seu declive reflete a existência de _________.

a) PP; economias de escala internas
b) PP; aumento da procura
c) ZZ; economias de escala internas
d) ZZ; utilidade marginal decrescente no consumo do bem

35. No gráfico seguinte, que ilustra o modelo de Krugman, o equilíbrio em c_1 será ________________, e o equilíbrio em c_2 será ________________.

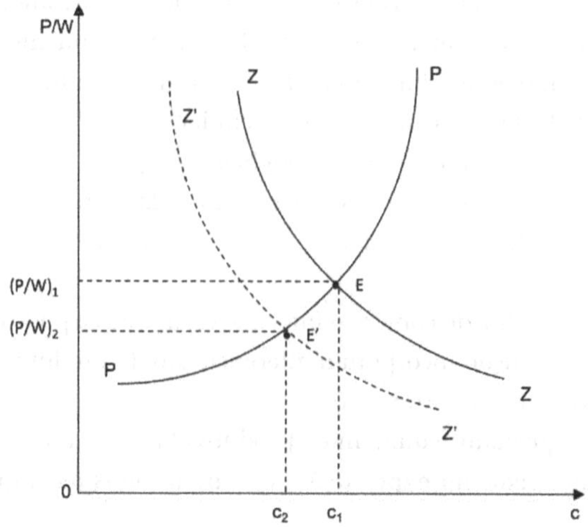

a) o consumo *per capita* de cada variedade em economia fechada; o consumo *per capita* de cada variedade em economia aberta
b) o consumo de cada variedade em economia fechada; o consumo de cada variedade em economia aberta
c) o consumo *per capita* de cada variedade em economia aberta; o consumo *per capita* de cada variedade em economia fechada
d) o consumo de cada variedade em economia aberta; o consumo de cada variedade em economia fechada

36. No modelo de Krugman, com a abertura ao comércio,
a) o consumo *per capita* de cada variedade diminui, porque há uma diminuição do salário real.
b) o consumo *per capita* de cada variedade aumenta, porque há um aumento do salário real.
c) o consumo *per capita* de cada variedade aumenta, mesmo havendo uma diminuição do salário real.
d) o consumo *per capita* de cada variedade diminui, porque há mais variedades disponíveis.

37. "Dois países com os mesmos gostos, a mesma dotação de fatores e o mesmo rendimento retiram ganhos do comércio que se traduzem num aumento das variedades do produto e num aumento do rendimento real". Este resultado está associado

a) ao modelo de Krugman e ao modelo de Linder.
b) ao modelo de Linder, mas não ao modelo de Krugman.
c) ao modelo de Krugman, mas não ao modelo de Linder.
d) nem ao modelo de Linder nem ao modelo de Krugman.

38. No modelo de Melitz de comércio internacional, não se pode afirmar que:

a) A função de produção incorpora a diferenciação do produto e de economias de escala com dois fatores produtivos.
b) A atividade exportadora aumenta a produtividade na indústria.
c) Existem custos fixos na exportação, que nem todas as empresas conseguem suportar.
d) O conjunto de produtos que a empresa produz estreita-se, com a abertura ao comércio, em direção aos mais produtivos.

39. Podem ser fatores explicativos do comércio na Nova Geografia Económica,

a) rendimentos crescentes à escala e mobilidade do capital.
b) custos de transporte e economias de escala externas.
c) forças centrípetas e centrífugas na localização da produção.
d) todos os expressos nas alíneas anteriores.

40. Escolha a afirmação que não lhe pareça correta:

a) O "centro" da Nova Geografia Económica caracteriza-se pela existência de economias de escala externas e as empresas que as procuram têm economias de escala internas.
b) Uma possível explicação para a ocorrência de comércio inter-ramo inclui a localização geográfica da produção.
c) A transmissão de conhecimento entre empresas vizinhas pode conduzir a economias de escala externas.
d) O aumento do número de empresas no mesmo sector concentradas numa certa zona geográfica só pode conduzir a economias de escala externas se a dimensão de cada uma das empresas não permanecer pequena.

B. Resposta aberta

1. "Suponhamos que num dado país um sector exporta (X) 50 euros e importa (M) 100 euros. Nesta situação, o índice de comércio intra-ramo de Grubel-Lloyd no sector (I) terá o valor de 50%". Comente.

Resolução

A afirmação é falsa. Seja:

$I = [(X+M)-|X-M|]/(X+M)$. Logo,

$I = [(50+100)-|50-100|]/(50+100)$;

$I = 0{,}67$ (67%).

2. Indique as principais diferenças em termos de hipóteses entre a teoria do Ciclo do Produto e a teoria de Heckscher-Ohlin.

Resolução

A teoria de Heckscher-Ohlin assume fatores fixos e imóveis a nível internacional, concorrência perfeita, e compara dois equilíbrios em termos estáticos (autarcia e economia aberta), enquanto a teoria do Ciclo do Produto assume mobilidade do fator capital a nível internacional e vantagens comparativas dinâmicas, baseadas na existência de economias de escala internas e num ciclo temporal na localização geográfica do processo produtivo.

3. A teoria do Ciclo do Produto argumenta que a localização geográfica da produção de um bem muda ao longo do ciclo de vida do produto. Esta teoria é compatível com a teoria do comércio de Heckscher-Ohlin?

Resolução

O teorema de Heckscher-Ohlin é consistente com as alterações ao longo do tempo previstas na Teoria do Ciclo do Produto. Por exemplo, se um bem usa de forma intensiva R&D no seu estágio inicial e se se torna um utilizador intensivo de mão-de-obra numa fase seguinte do seu ciclo de vida, ambas as teorias preveem que a produção se deslocará de países abundantes em capital humano para países abundantes em trabalho não qualificado. Nessa medida, são compatíveis.

4. A teoria de Linder pode ser apresentada como uma teoria de comércio intra-ramo? Justifique.

Resolução

A teoria de Linder afirma que o comércio tende a ser mais intenso entre países com estruturas da procura semelhantes e em que há uma relação direta entre o rendimento do consumidor e o grau de sofisticação/qualidade do bem procurado. Se assumirmos que existe diferenciação vertical do produto, isto é, que a diferenciação é feita pela qualidade, a teoria de Linder pode ser considerada como uma teoria de comércio intra-ramo vertical, isto é, de comércio de variedades do mesmo bem diferenciadas pela qualidade.

5. Discuta sucintamente a validade do modelo de Heckscher-Ohlin e da teoria de Linder na explicação do comércio tendo em consideração o grau de desenvolvimento dos países.

Resolução

O teorema de Heckscher-Ohlin explica o comércio por diferenças ao nível da dotação relativa de fatores dos países e quanto maior for essa diferença maior deverá ser a intensidade dos fluxos comerciais. Partindo do pressuposto que há uma relação direta entre o nível de desenvolvimento dos países e a sua dotação relativa de fatores, essa dotação tenderá a ser sensivelmente idêntica para países com o mesmo nível de desenvolvimento e significativamente diferente para países com diferentes níveis de desenvolvimento. Daqui resulta que o comércio internacional deverá ser intenso entre países com níveis de desenvolvimento diferentes e pouco intenso entre países com níveis de desenvolvimento semelhantes.

No âmbito da teoria de Linder, considera-se geralmente que o tipo de bens que um país procura está diretamente relacionado com o seu nível de rendimento *per capita*, isto é, os países de elevado rendimento tenderão a procurar sobretudo bens de qualidade mais elevada, enquanto os países de baixo rendimento procurarão, sobretudo, bens de qualidade mais baixa. Na medida em que a composição da procura de um país irá determinar o padrão da sua estrutura produtiva, com a abertura ao comércio, os países mais desenvolvidos tenderão, consequentemente, a produzir e exportar bens/variedades mais sofisticados e os países menos desenvolvidos a produzir e exportar bens/variedades pouco sofisticados. Daqui resulta que o comércio internacional deverá ser pouco intenso entre países com diferentes níveis de desenvolvimento e mais intenso entre países com níveis de desenvolvimento semelhantes.

6. "O modelo de Krugman mostra que a abertura ao comércio degrada o bem-estar dos consumidores porque implica uma diminuição do consumo *per capita* de cada variedade." Comente.

Resolução

A par da diminuição do consumo *per capita* de cada variedade, a abertura ao comércio provoca também um aumento dos salários reais. Não se pode, por isso, admitir uma diminuição do bem-estar, uma vez que os consumidores dispõem agora de um nível de rendimento real superior. Este aumento de rendimento permite alargar o cabaz de consumo, o que torna possível a aquisição de mais variedades do bem através da importação. Note-se que este aumento das variedades do bem disponíveis em cada país também contribui para aumentar o bem-estar dos respetivos consumidores, dada a hipótese do modelo de *"love for variety"*.

7. No modelo de Krugman, quando um país se abre ao comércio internacional, o consumo *per capita* de cada variedade diminui e as empresas terão, por isso, uma diminuição da sua produção total.

Resolução

Num modelo com dois países iguais em dimensão, com abertura ao comércio, o consumo *per capita* de cada variedade diminui em cada país relativamente ao consumo de autarcia, mas menos de metade em relação à situação de autarcia. Com comércio livre, o consumo de cada variedade no conjunto dos dois países, ao duplicar a procura (pela adição da procura externa à interna), será superior ao de autarcia. A produção das empresas que permanecerem no mercado irá, por isso, aumentar (nos termos da função $Q = a/\{(P/W) - b\}$, em que "a" é o custo fixo e "b" o custo marginal, e $Q=cL$, sendo "c" o consumo *per capita* e "L" o número de trabalhadores/consumidores), na medida em que passarão a fornecer dois mercados (o interno e o externo).

8. "É possível verificar-se comércio entre dois países que tenham condições de produção semelhantes." Comente.

Resolução

A afirmação pode ou não ser verdadeira consoante a teoria que se utilize para a avaliar. Independentemente de outras teorias que possam ser utilizadas, o comentário seguinte baseia-se na teoria Neoclássica das vantagens comparativa, na de Linder e na de Krugman.

No caso da primeira, a vantagem comparativa está dependente da existência de diferenças ao nível dos preços relativos de autarcia dos países suscetíveis de estabelecerem relações comerciais entre si. Como para os Neoclássicos os preços são determinados simultaneamente pelas condições de produção e de procura, se as condições de produção forem idênticas, pode haver comércio desde que as diferenças ao nível da procura se traduzam em diferenças ao nível dos preços relativos. Note-se, no entanto, que pode admitir-se a possibilidade de as condições de procura e de oferta serem diferentes e os preços relativos de autarcia serem iguais, não havendo, portanto, comércio.

Outro modelo de comércio internacional com condições de produção idênticas é o de Krugman, no qual o comércio é explicado pelas vantagens da exploração das economias de escala internas e pela apetência dos consumidores pela variedade.

Quanto à teoria de Linder, o comércio é determinado pela sobreposição da procura dos países, o que implica alguma semelhança entre as respetivas condições de produção, e será tanto mais intenso quanto mais se aproximarem as condições de produção.

9. "No âmbito do modelo de Kemp, o comércio é tendencialmente inter-ramo". Comente.

Resolução

O modelo de Kemp pressupõe economias de escala externas, apesar de o modelo assumir concorrentes perfeitos, o que justifica a consideração de fronteiras de possibilidades de produção convexas em relação à origem. Na situação de autarcia, o ponto de equilíbrio, necessariamente instável no âmbito deste modelo, satisfaz a condição Neoclássica de $COxy^A = (Px/Py)^A$, em que A designa a situação de autarcia. Suponha-se que, com a abertura ao comércio, se tem $(Px/Py)^A < (Px/Py)^{Int}$. Quando a economia se abre ao comércio, $COxy^A < (Px/Py)^{Int}$, o que incentiva os produtores a transferirem recursos da produção do bem Y para a produção do bem X. Na medida em que os custos de oportunidade são decrescentes, devido à hipótese de economias de escala externas, a desigualdade $COxy^A < (Px/Py)^{Int}$ tende a agravar-se e o ponto de equilíbrio em economia aberta poderá corresponder a uma especialização completa no bem X. O parceiro comercial tenderá a aumentar a produção de Y para responder à procura internacional deste bem, desencadeando-se, de forma simétrica, um processo de especialização que poderá culminar na especialização completa nesse bem. A produção irá, nesse caso, concentrar-se num único produto em cada país e o comércio será inter-ramo.

10. Considere um modelo de duopólio com custos de transporte. Suponha duas empresas: A, a empresa interna, e B, a empresa estrangeira, que produzem o mesmo bem e que repartem entre si o mercado interno da empresa A. Suponha ainda que as funções de reação de cada uma daquelas empresas neste mercado são dadas por:

Empresa A: $X_B^A = 100 - X_A^A$;

Empresa B: $X_B^A = 150 - 56/g - (2/3)X_A^A$; $g = 0{,}8$,

em que as notações designam:

$X_i^A \rightarrow$ quantidade vendida pela empresa i no mercado interno da empresa A (i = A, B);

g → proporção da quantidade expedida no país de origem (país exportador) que chega ao país de destino (país importador).

Assuma que os custos de transporte são representados pela variável 1 − g e suponha, por fim, que a quota de mercado (QM) de cada uma destas empresas no mercado interno da empresa A pode ser definida como se segue:

$$QM_i^A = [X_i^A/(X_A^A + X_B^A)] \cdot 100.$$

a) Recorrendo a ilustração gráfica, explique o que acontece às quotas de mercado de cada empresa no mercado interno da empresa A se os custos dos transportes internacionais diminuírem para metade.
b) O que poderá concluir acerca do impacto da redução dos custos de transporte no comércio internacional?

Resolução

a) Dado que na situação inicial se tem g = 0,8, então 1 − g = 0,2. A variável 1 − g irá passar para 0,2/2 = 0,1, pelo que a variável g passará para 0,9.

Assim, a função de reação da empresa B no mercado interno da empresa A será:

– Antes da diminuição dos custos de transporte:

$$X_B^A = 150 - 56/0{,}8 - (2/3)X_A^A;$$

$$X_B^A = 80 - (2/3)X_A^A.$$

– Depois da diminuição dos custos de transporte:

$$X_B^A = 150 - 56/0{,}9 - (2/3)X_A^A;$$

$$X_B^A = 87{,}78 - (2/3)X_A^A.$$

Quanto à função de reação da empresa interna no seu próprio mercado, a diminuição dos custos de transporte não provoca alterações (a função não depende de g).

Suponha-se a figura seguinte que representa as funções de reação de cada uma das empresas no mercado interno da empresa A, isto é,

XX → representa a função de reação da empresa A no seu próprio mercado;

ZZ → representa a função de reação da empresa B no mercado interno da empresa A.

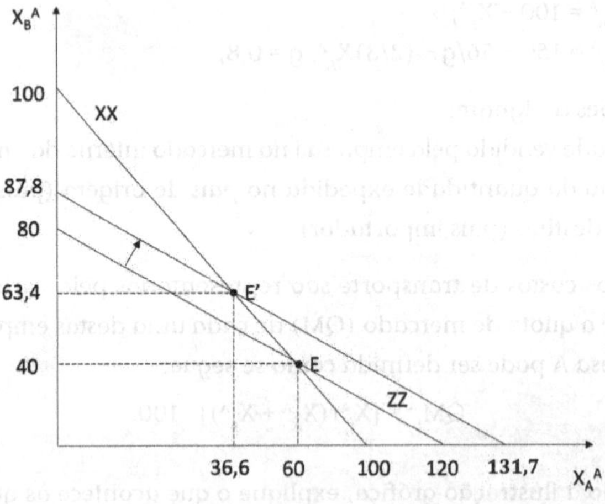

Suponha-se que a situação de equilíbrio inicial é representada pelo ponto E. A empresa A vende no seu próprio mercado a quantidade 60, enquanto a empresa B vende no mercado interno da empresa A quantidade 40. Nestas circunstâncias, as quotas de mercado de cada uma das empresas serão:

$$QM_A^A = [X_A^A/(X_A^A + X_B^A)] \cdot 100 = [60/(60+40)] \cdot 100 = 60\%;$$

$$QM_B^A = [X_B^A/(X_A^A + X_B^A)] \cdot 100 = [40/(60+40)] \cdot 100 = 40\%.$$

Após a diminuição dos custos de transporte para metade, o ponto de equilíbrio passa de E para E'. As quantidades vendidas por cada uma das empresas passarão a ser:

$X_B{}^A = 100 - X_A{}^A \wedge X_B{}^A = 150 - 56/0{,}9 - (2/3)X_A{}^A.$

$100 - X_A{}^A = 150 - 56/0{,}9 - (2/3)X_A{}^A;$

$- X_A{}^A + (2/3)X_A{}^A = - 100 + 150 - 56/0{,}9;$

$(-1/3)X_A{}^A = 50 - 56/0{,}9;$

$(-1/3)X_A{}^A = - 12{,}2;$

$X_A{}^A = 36{,}6.$

$X_B{}^A = 150 - 56/0{,}9 - (2/3) \cdot X_A{}^A;$

$X_B{}^A = 150 - 56/0{,}9 - (2/3) \cdot 36{,}6;$

$X_B{}^A = 63{,}4.$

Nestas circunstâncias, as quotas de mercado passam a ser:

$QM_A{}^A = [X_A{}^A/(X_A{}^A + X_B{}^A)] \cdot 100 = [36{,}6/(36{,}6 + 63{,}4)] \cdot 100 = 36{,}6\%;$

$QM_B{}^A = [X_B{}^A/(X_A{}^A + X_B{}^A)] \cdot 100 = [63{,}4/(36{,}6 + 63{,}4)] \cdot 100 = 63{,}4\%.$

b) Concluiu-se que, com a redução nos custos de transporte, as empresas estrangeiras são beneficiadas nos mercados externos e as empresas internas prejudicadas nos seus próprios mercados. O comércio internacional será, naturalmente, beneficiado.

11. No espaço da União Europeia, com a maior abertura ao comércio entre os países membros, detetou-se o seguinte fenómeno: a concentração geográfica de indústrias intensivas em tecnologia e trabalho qualificado nos países do "centro" da Europa (França, Alemanha, Norte da Itália,...) e de indústrias intensivas em trabalho não qualificado em países periféricos como Portugal e Grécia, registando-se um volume significativo de comércio inter-ramo entre as duas regiões para os bens produzidos por essas indústrias. Indique duas teorias que permitam explicar este fenómeno.

Resolução

A resposta aponta para a teoria de Heckscher-Ohlin e para a Nova Geografia Económica.

No contexto da Nova Geografia Económica, espera-se que ocorram movimentos de especialização em função da "vantagem comparativa criada", relacionada com o papel das economias de aglomeração na localização geográfica da produção. Assume-se que as empresas com rendimentos crescentes à escala são atraídas para regiões onde existam economias externas "pecuniárias", i.e., próprias dos mercados vastos em termos de número de consumidores, da existência de uma base de fornecedores de bens intermédios e /ou de uma oferta de trabalhadores qualificados, e *spillovers* tecnológicos, relacionados com ativos intangíveis, tais como *know-how* tecnológico, aptidões de gestão e de marketing, experiência internacional, os quais, transmitidos a outras empresas, elevam a sua produtividade. O padrão de especialização, uma vez determinado, tenderá a reforçar-se num processo de circularidade (causalidade) cumulativa. A previsão é que a redução nos custos de transporte conduza à concentração espacial das indústrias com rendimentos crescentes à escala nas regiões que beneficiam das referidas externalidades positivas ("centro"), enquanto a periferia deverá especializar-se em indústrias com rendimentos constantes à escala (por exemplo, intensivas em trabalho e em tecnologia de nível baixo). Para as regiões periféricas prevê-se, portanto, um padrão específico de divergência da estrutura industrial em relação ao "centro", caracterizado por estas perderem indústrias com economias de escala internas à medida que a integração dos mercados se aprofunda e concentrarem as indústrias mais sensíveis aos custos dos fatores. Note-se que o aumento dos custos de aglomeração, devido, por exemplo, a custos de congestionamento e/ou aumento dos custos dos fatores, poderá, numa fase posterior, levar à transferência da vantagem de localização do "centro" para a periferia (onde os custos de trabalho são mais baixos), estando ainda previstos outros modelos com situação de equilíbrio múltiplo.

12. Tendo em consideração as teorias do comércio internacional estudadas, procure explicar o facto de a *city* de Londres se ter especializado em serviços financeiros à escala global.

Resolução

No âmbito da Nova Geografia Económica, há razões para a *city* de Londres se ter tornado um "centro", pela exploração de economias de escala externas e a possibilidade de os serviços que aí se localizam explorarem economias de escala internas. A título de exemplo das primeiras, pode-se destacar o facto de Londres ter boas comunicações com o resto do mundo, o inglês ser "língua franca"; a *city* precisar de quadros altamente qualificados que tendem a procurar as grandes metrópoles; Londres ser sede de grandes empresas não financeiras que necessitam de serviços financeiros; e Londres ter sido capital de um grande império.

Pode, ainda, ser considerada a fragmentação da produção (com diferentes consumos intermédios produzidos em diferentes países) e o papel das firmas multinacionais. A teoria da Fragmentação da Produção explica como o trabalho altamente qualificado se concentra no país de origem das firmas multinacionais (os países mais ricos), sendo uma parte da cadeia produtiva repartida por países relativamente abundantes em trabalho pouco qualificado e, por isso, com salários mais baixos. Neste âmbito, torna-se relevante, em termos de comércio internacional, o conceito de "valor acrescentado comercializado".

CAPÍTULO 5
PROTECIONISMO COMERCIAL

TÓPICOS

Enquadramento institucional da política comercial a nível internacional
Política comercial versus política industrial
Tipos de restrições comerciais
Restrições comerciais em equilíbrio parcial e concorrência perfeita
- **O impacto no caso de um país Pequeno importador de:**
  - **um direito aduaneiro**
  - **uma quota na importação**
  - **uma quota aplicada pelo exportador**
  - **um subsídio à produção de um bem concorrente com as importações**
  - **um subsídio à produção de um bem exportado**
- **O impacto no caso de um país Grande importador de:**
  - **um direito aduaneiro**
  - **uma quota na importação**
  - **uma quota aplicada pelo exportador**
  - **um subsídio à produção de um bem concorrente com as importações**

Política comercial em equilíbrio geral
Proteção efetiva versus proteção nominal
"Argumentos económicos" versus "argumentos não económicos" para o protecionismo
"Argumentos económicos" para o protecionismo
- **O argumento dos termos de troca**
- **O argumento da indústria nascente**
- **Abordagens em concorrência imperfeita com protecionismo**

- **Direito aduaneiro para extrair lucro ao monopolista estrangeiro**[9]
- **Direito aduaneiro para promover exportações através de economias de escala num duopólio**[10]
- **Subsídio à exportação de indústrias intensivas em alta tecnologia**[11]

A. Escolha múltipla

1. A Organização Mundial do Comércio (OMC) foi estabelecida pela Ronda de:

a) Kennedy.
b) Tokyo.
c) Uruguay.
d) Dillon.

2. Direitos aduaneiros específicos são impostos

a) estabelecidos na legislação específica do Ministério dos Negócios Estrangeiros.
b) estabelecidos legalmente sob a forma de um montante monetário fixo sobre cada unidade física de importação.
c) estabelecidos legalmente sob a forma de uma percentagem fixa sobre o preço de cada unidade física de importação.
d) estabelecidos legalmente para casos em que já exista uma quota na importação.

3. Direitos aduaneiros *ad valorem* são impostos

a) estabelecidos na legislação específica do Ministério dos Negócios Estrangeiros.
b) estabelecidos legalmente sob a forma de um montante monetário fixo sobre cada unidade física de importação.
c) estabelecidos legalmente sob a forma de uma percentagem fixa sobre o preço de cada unidade física de importação.

---

[9] Brander, James & Spencer, Barbara (1981), "Tariffs and the Extraction of Foreign Monopoly Rents under Potential Entry", *Canadian Journal of Economics*, 14, nº 3, pp. 371-89.

[10] Krugman, Paul R. (1984), "Import Protection as Export Promotion: International Competition in the Presence of Oligopoly and Economies of Scale", in *Monopolistic Competition in International Trade*, Edited by Henrik Kierzkowski, Oxford: Oxford University Press, pp. 180-93.

[11] Spencer, Barbara, & Brander, James A. (1983), "International R&D Rivalry and Industrial Strategy", *Review of Economic Studies*, 50, nº 4, pp. 707-22.

d) estabelecidos legalmente sob a forma de uma percentagem fixa ou variável sobre o preço de cada unidade física de importação.

4. Um direito proibitivo é um direito aduaneiro que
a) elimina as importações.
b) se aplica a importações classificadas como lesivas da saúde pública.
c) por ser tão alto, não permite ser cobrado.
d) por ser tão baixo, não vale a pena ser cobrado.

5. Qual dos seguintes instrumentos pode não constituir uma "barreira não pautal" ao comércio de bens?
a) Quota na importação.
b) Restrição voluntária das exportações.
c) Compras governamentais discriminativas.
d) Direito aduaneiro específico sobre as importações.

6. O país A estendeu o "princípio da nação mais favorecida" ao país B. Isto significa que na pauta aduaneira do país A relativamente às importações provenientes do país B:
a) Os direitos aduaneiros passaram a ser mais baixos do que os praticados pelo país A em relação a países terceiros relativamente aos quais já vigorava o "princípio da nação mais favorecida".
b) Os direitos aduaneiros passaram a ser mais altos do que os praticados pelo país A em relação a países terceiros relativamente aos quais já vigorava o "princípio da nação mais favorecida".
c) Os direitos aduaneiros passaram a ser iguais aos praticados pelo país A em relação a países terceiros relativamente aos quais já vigorava o "princípio da nação mais favorecida".
d) Os direitos aduaneiros do país A sobre as importações provenientes do país B foram eliminados.

7. A regra do tratamento nacional
a) é uma regra que só se aplica quando um país pratica *dumping*.
b) é uma regra aplicável às nações mais favorecidas no comércio internacional.
c) é uma regra de política comercial.
d) é uma regra da OMC.

8. A aplicação de um direito aduaneiro provoca uma redistribuição de rendimento __________ para __________.

a) dos produtores internos; os consumidores internos
b) dos consumidores internos; os produtores internos
c) dos produtores e consumidores internos; o governo
d) dos produtores internos; governo

9. O pressuposto de que um país é Pequeno implica que a curva de oferta de exportações do Resto do Mundo a este país

a) tem elasticidade igual a um.
b) é inelástica.
c) é infinitamente elástica.
d) pode ter qualquer elasticidade.

10. Se um bem é importado por um país Pequeno (H) proveniente de outro país (F), então a aplicação de um direito aduaneiro por parte de H, na situação de equilíbrio,

a) faz aumentar o preço em ambos os países.
b) faz aumentar o preço em H e não tem implicação sobre o preço em F.
c) faz baixar o preço em ambos os países.
d) espera-se que aumente o preço em H e diminua o preço em F.

11. Quando um país Grande aplica um direito aduaneiro sobre as importações, os termos de troca internacional desse país

a) melhoram.
b) deterioram-se.
c) não se alteram.
d) ou melhoram, ou deterioram-se.

12. No caso de um país Grande, a aplicação de um direito aduaneiro sobre as importações irá, normalmente, provocar no preço interno

a) uma subida maior que o montante do direito.
b) uma subida menor que o montante do direito.
c) uma subida igual ao montante do direito.
d) um efeito que depende de o direito ser *ad valorem* ou específico.

13. Em equilíbrio parcial, um subsídio a um bem produzido no mercado interno irá provocar no volume de comércio externo do bem

a) um aumento.
b) uma redução.
c) um aumento ou uma redução.
d) um efeito indeterminado.

14. O gráfico seguinte ilustra a situação de equilíbrio de comércio livre (preço internacional = 10€) de um país Pequeno e a situação após a aplicação de um direito aduaneiro sobre as importações do bem em causa. S_T é a curva de procura de importações do país/oferta de exportações do Resto do Mundo.

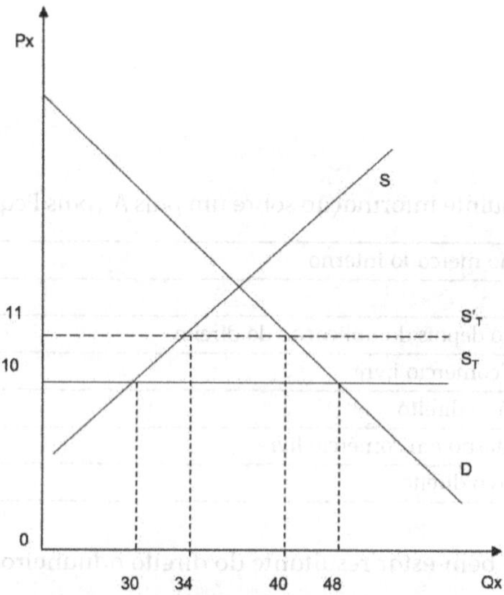

14.1. A subida do preço de 10 para 11 unidades monetárias deve-se certamente a um direito aduaneiro

a) *ad valorem.*
b) específico.
c) *ad valorem* ou específico.
d) *ad valorem* e específico.

14.2. A imposição do direito aduaneiro provocou um efeito líquido (negativo) no bem-estar no montante de:

a) 2€.
b) 6€.
c) 32€.
d) 44€.

14.3. Suponha que em vez de aplicar o direito aduaneiro, o país em causa está a ponderar conceder um subsídio aos produtores do bem X, de forma a gerar o mesmo efeito de proteção. De quanto seria, neste caso, o efeito líquido (negativo) no bem--estar desta proteção?

a) 2€.
b) 6€.
c) 12€.
d) 34€.

15. Considere a seguinte informação sobre um país A (país Pequeno) e sobre o bem X:

Preço de comércio livre no mercado interno	20€/unidade
Direito aduaneiro	20%
Preço no mercado interno depois da aplicação do direito	24€/unidade
Consumo de X em A em comércio livre	1000 unidades
Consumo de X em A após o direito	900 unidades
Produção no mercado interno em comércio livre	600 unidades
Produção de X em A após o direito	800 unidades

A perda líquida de bem-estar resultante do direito aduaneiro ascende a:

a) 400€.
b) 3800€.
c) 2800€.
d) 600€.

16. Considere a seguinte informação sobre um país A (país Grande) e sobre o bem X:

Preço de comércio livre no mercado interno	100€/unidade
Preço de comércio livre no mercado internacional	100€/unidade
Preço no mercado interno após o direito aduaneiro	103€/unidade
Preço no mercado internacional após o direito	98€/unidade
Consumo de X em A em comércio livre	100 unidades
Consumo de X em A após o direito	80 unidades
Produção no mercado interno em comércio livre	40 unidades
Produção de X em A após o direito	50 unidades

16.1. A receita fiscal ascende a:

a) 270€.

b) 135€.

c) 150€.

d) -15€.

16.2. O efeito sobre o excedente do consumidor ascende a:

a) -270€.

b) 135€.

c) 150€.

d) -15€.

16.3. O efeito sobre o excedente do produtor ascende a:

a) 270€.

b) 135€.

c) -150€.

d) 15€.

17. Um país Grande aplicou um direito aduaneiro sobre as importações e o preço do bem que concorre com as importações no mercado interno subiu.

17.1. Nestas circunstâncias, podemos afirmar que

a) o bem-estar aumentará se houver efeitos dinâmicos.

b) o bem-estar aumentará com ou sem efeitos dinâmicos.

c) o bem-estar só aumentará desde que os efeitos dinâmicos sejam superiores aos efeitos estáticos.

d) a possibilidade de perder bem-estar será tanto maior quanto mais elásticas forem a procura e a oferta internas.

17. 2. Nestas circunstâncias, podemos afirmar que
a) o bem-estar aumentará, mesmo que haja retaliação.
b) o bem-estar diminuirá se houver retaliação.
c) o bem-estar poderá aumentar, mas menos do que com retaliação.
d) nenhuma das alíneas anteriores é verdadeira.

18. Considere o país A, país Pequeno, importador do bem X, cujas funções de procura e de oferta são as seguintes, respetivamente:

Dx=60-3Px;

Sx=4Px-10.

Se este país aplicar um direito proibitivo no montante de 1 unidade monetária por cada unidade física importada, o custo líquido de proteção, em unidades monetárias (u.m.), será de
a) 3,5.
b) 4.
c) 1.
d) nenhuma das alíneas anteriores.

19. Considere que o governo das Honduras está a ponderar impor um direito aduaneiro na importação de computadores, bem capital intensivo. Tendo em consideração que se trata de um país trabalho abundante, que não existe retaliação com direitos aduaneiros dirigidos aos bens de exportação das Honduras e que se verificam as condições do modelo de Heckscher-Ohlin, o rendimento real nas Honduras
a) aumentará no caso dos capitalistas.
b) diminuirá no caso dos capitalistas.
c) aumentará no caso dos trabalhadores.
d) diminuirá no caso dos trabalhadores.

20. Em condições de concorrência perfeita e em equilíbrio parcial, a aplicação de um direito aduaneiro equivalente a uma quota nas importações, no caso de um país Pequeno, irá, geralmente, provocar
a) uma perda de bem-estar inferior à que resulta da quota.

b) um efeito no excedente do produtor superior ao que resulta da quota.
c) uma perda de bem-estar igual à que resulta da quota.
d) uma perda de bem-estar igual ou inferior à que resulta da quota.

21. Em condições de concorrência perfeita e em equilíbrio parcial, no caso de um país Pequeno, a aplicação de um direito aduaneiro equivalente a uma quota nas importações,

a) produz o mesmo efeito sobre o preço interno do bem importado e sobre a distribuição do rendimento.
b) tem as mesmas consequências sobre a distribuição do rendimento, apesar de o bem-estar diminuir mais com a quota.
c) provoca o mesmo aumento no excedente dos consumidores.
d) não é tão suscetível de gerar *rent seeking*.

22. Suponha que as funções de oferta e de procura do bem X no mercado interno do país A (país Pequeno) são dadas pelas expressões seguintes:

Oferta: Q = -1250 + 125Px;

Procura: Q = 10 000 – 100Px.

O preço do bem X no mercado internacional é 20.

O direito aduaneiro *ad valorem* equivalente a uma quota nas importações de 4500 unidades físicas é

a) 10%.
b) 30%.
c) 50%.
d) nenhuma das alíneas anteriores.

23. Se um bem é importado por um país Grande (H) proveniente de outro país Grande (F), então a aplicação de uma quota nas importações de um bem por parte de H, provavelmente

a) faz aumentar o preço do bem em ambos os países.
b) faz aumentar o preço do bem em H e não tem implicação sobre o preço em F.
c) aumenta o preço do bem em H, mas com a informação dada não se pode saber se o preço em F sobe, desce ou se mantém igual.
d) aumenta o preço do bem em H e diminui o preço em F.

24. A aplicação de uma quota na importação irá provocar no caso de um país Grande, relativamente a um direito aduaneiro equivalente,

a) uma perda de bem-estar superior à que resulta do direito.

b) um efeito no excedente do produtor e do consumidor igual ao que resulta do direito.
c) um efeito no bem-estar sempre igual ao que resulta do direito.
d) um efeito no excedente do consumidor superior ao que resulta do direito.

25. A política dos Estados Unidos de impor quotas sobre as importações de açúcar deve ter como efeito

a) um aumento do preço interno do açúcar.
b) um aumento do rendimento dos importadores.
c) uma diminuição do preço de importação.
d) todas as alíneas anteriores.

26. A figura seguinte ilustra a situação de equilíbrio de comércio livre no mercado interno de determinado país em que o preço internacional é 20 € e se aplica uma quota na importação no montante abaixo indicado. A quota está associada a licenciamento, segundo critérios definidos pelo governo, e assume-se que a importação esgota a totalidade da quota.

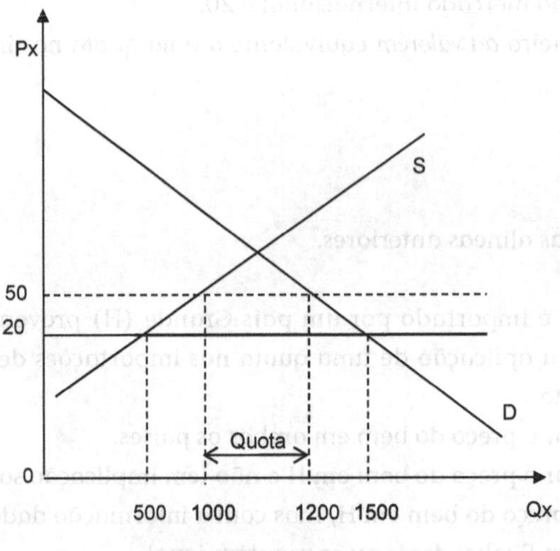

Se o governo quiser obter a mesma receita que teria se aplicasse um direito aduaneiro, a licença por unidade de importação deverá ser vendida por________ , mas o efeito líquido no bem-estar do país será provavelmente ________ quando comparado com o de um direito aduaneiro equivalente.

a) 50€; pior

b) 30€; melhor
c) 30€; pior
d) 50€; melhor

27. A aplicação de uma quota nas exportações (por exemplo, uma Restrição Voluntária nas Exportações) com o mesmo efeito nas importações de um direito aduaneiro, no caso do país importador,

a) irá provocar uma perda de bem-estar superior à que resulta do direito.
b) irá provocar uma perda de bem-estar inferior à que resulta do direito.
c) irá provocar uma perda de bem-estar igual à que resulta do direito.
d) não permite estabelecer comparações em termos do efeito no bem-estar.

28. Um subsídio à produção de um bem que concorre com as importações poderá ser representado, em termos da curva da oferta interna do país que o recebe, ___________ e no caso de um subsídio à exportação, ___________.

a) por um deslocamento desta curva para a direita; também por um deslocamento desta curva para a direita
b) por um deslocamento desta curva para a direita; pelo não deslocamento desta curva
c) por um deslocamento desta curva para a direita; pelo deslocamento desta curva para a esquerda
d) um deslocamento desta curva para a esquerda; pelo não deslocamento desta curva

29. A aplicação de um subsídio à produção de um bem que concorre com as importações,

a) reduz a produção interna.
b) faz aumentar o consumo interno.
c) não altera o excedente do consumidor.
d) faz aumentar o volume de comércio.

30. Seja um país Pequeno que aplica um subsídio às exportações. Pode-se, então, afirmar que o subsídio

a) é dado a todas as unidades produzidas.
b) provoca uma diminuição do preço do bem exportado no mercado internacional.
c) provoca só duas distorções: na produção e nos gastos do Estado.

d) faz aumentar o preço do bem de exportação no mercado interno do país que concede o subsídio e diminuir o bem-estar neste país.

31. No contexto das hipóteses da teoria Neoclássica, em equilíbrio geral, um direito aduaneiro sobre as importações, como efeitos mais prováveis no país que o aplica,

a) aumenta o rendimento real e prejudica as exportações.
b) reduz o rendimento real e prejudica as exportações.
c) reduz o rendimento real e não tem impacto nas exportações.
d) reduz o rendimento real, mas tem impacto positivo nas exportações.

32. No contexto das hipóteses da teoria Neoclássica, em equilíbrio parcial:

a) Um direito aduaneiro sobre as importações de sapatos faz aumentar o seu preço no mercado interno; como resultado, o direito prejudica os consumidores, mas apenas na medida em que beneficia os produtores.
b) Uma limitação na avaliação dos efeitos de um subsídio à produção para proteger uma indústria que concorre com as importações é não se considerar a despesa com o subsídio.
c) A Política Agrícola Comum, nos casos em que produz excesso de oferta, faz com que alguns consumidores europeus acabem por não comprar algumas unidades de produtos agrícolas que lhe proporcionariam mais utilidade do que o que elas custariam a produzir na União Europeia.
d) Com um direito aduaneiro aplicado por um país Grande sobre as importações de um certo bem, a possibilidade de o país perder bem-estar será tanto maior quanto mais inelásticas forem a oferta e a procura externas.

33. A taxa de proteção efetiva mede

a) o valor *ad valorem* de um direito aduaneiro.
b) a proteção ao valor bruto da produção.
c) a eficiência dos serviços alfandegários na cobrança de direitos aduaneiros.
d) a proteção ao valor acrescentado da indústria.

34. A taxa de proteção efetiva é superior à proteção nominal do bem final quando

a) o peso do valor dos bens intermédios importados no valor do bem final for nulo.
b) a proteção nominal sobre a importação do bem final for superior à proteção nominal sobre a importação de bens intermédios.
c) o somatório dos direitos aduaneiros for inferior à unidade.
d) o somatório dos direitos aduaneiros for superior à unidade.

35. Com uma proteção efetiva de 100%, podemos concluir que
a) o bem final aufere a proteção máxima.
b) a proteção nominal dos bens intermédios é zero.
c) a proteção efetiva iguala a proteção nominal do bem final.
d) nenhuma das alíneas anteriores é verdadeira.

36. Suponha que sobre as importações do bem final X incide um direito aduaneiro de 8% e sobre os bens intermédios importados para a produção deste bem incide um direito aduaneiro ponderado de 12%. Nestas circunstâncias, a taxa de proteção efetiva do bem X deve ser
a) superior a 12%.
b) entre 8% e 12%.
c) positiva, mas inferior a 8%.
d) inferior a 8%, podendo ser negativa.

37. Seja um bem final que utiliza um bem intermédio importado. O preço do bem final é 100€ e o custo do bem intermédio por unidade produzida do bem final é 20€. Suponha que sobre o bem final incide um direito aduaneiro de 10% e sobre o bem intermédio um direito aduaneiro de 50%. A taxa de proteção efetiva do bem final é
a) zero.
b) -0,50.
c) +0,125.
d) nenhuma das alíneas anteriores.

38. Tudo o mais constante, qual das seguintes medidas provoca um aumento da taxa de proteção efetiva na indústria automóvel?
a) Um aumento da taxa de imposto nominal sobre as importações de automóveis.
c) Uma diminuição do preço mundial das componentes para automóveis.
d) Uma diminuição da taxa nominal de imposto sobre as importações para componentes de automóveis.
d) Qualquer das alíneas anteriores.

39. A "tarifa ótima"
a) é a que melhor protege os interesses dos produtores.
b) é positiva para um país Grande e para um país Pequeno.

c) varia inversamente com a elasticidade da oferta de exportações externa.
d) é a que melhor protege os interesses dos consumidores.

40. Para um país Pequeno, a "tarifa ótima" é
a) proibitiva.
b) a que conduz a um preço do mercado do país que a aplica inferior ao do país que exporta.
c) zero.
d) menor do que a diferença entre o preço de autarcia e o preço internacional.

41. A "tarifa ótima" envolve a interceção da curva de procura recíproca do país que a aplica na parte______ da curva de procura recíproca do país exportador.
a) elástica
b) inelástica
c) com declive decrescente
d) com elasticidade unitária

42. O argumento da proteção da indústria nascente costuma ser utilizado
a) para fomentar a proteção de indústrias debilitadas pela concorrência.
b) para facilitar a negociação de acordos de liberalização comercial.
c) no pressuposto de que os custos unitários do bem dessa indústria se venham a tornar iguais ao preço internacional.
d) para proteção de uma vantagem comparativa num prazo longo.

43. Na presença de uma indústria nascente com economias de escala externas, o mais recomendável é
a) a aplicação de direitos aduaneiros.
b) a aplicação de salários baixos.
c) a aplicação de medidas de proteção que correspondam à fonte da "distorção".
d) a aplicação de medidas de proteção, mas a forma será determinada pela experiência.

44. Um país tem uma indústria nascente, mas não pode protegê-la. Nestas circunstâncias, poderá acontecer que o bem-estar do país beneficie se
a) deixar de importar o bem concorrente dessa indústria.

b) esperar que a indústria se desenvolva, mesmo sem proteção e com abertura ao comércio internacional.
c) determinar o encerramento dessa indústria.
d) recorrer a qualquer das soluções anteriores.

45. A figura seguinte ilustra a situação, no mercado interno de determinado país, de uma empresa monopolista estrangeira que é também fornecedora desse mercado, antes e após a aplicação de um direito aduaneiro t. Os custos marginais (CM) são constantes e existem custos fixos na produção. Rmg é a curva da receita marginal.

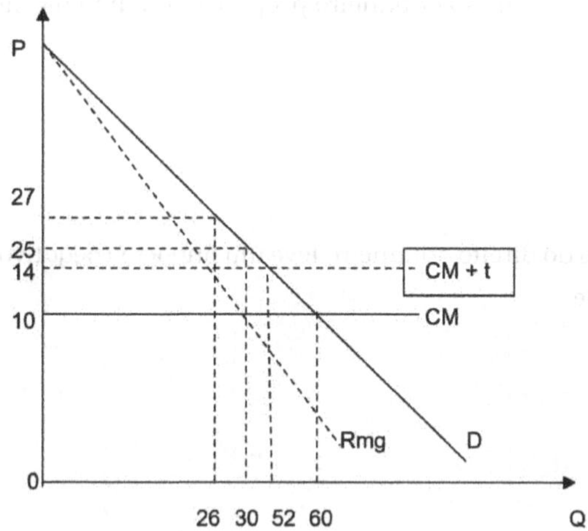

Tendo em consideração o contexto acima, responda às seguintes questões:

45.1. Para que um direito aduaneiro sobre uma empresa estrangeira com poder no mercado interno de um bem de um país tenha um efeito positivo sobre o bem-estar desse país, é necessário que

a) a receita do direito aduaneiro exceda a ineficiência criada no consumo.
b) a perda de lucro do produtor exceda ou iguale a ineficiência criada no consumo.
c) a receita marginal do produtor iguale o custo marginal na produção.
d) a ineficiência criada no consumo seja inferior ao lucro do produtor.

45.2. O preço no mercado interno antes da aplicação do direito aduaneiro é

a) 10€.
b) 14€.

c) 25€.
d) 27€.

45.3. O preço no mercado interno após a aplicação do direito aduaneiro é
a) 10€.
b) 14€.
c) 25€.
d) 27€.

45.4. A aplicação do direito aduaneiro proporcionou uma receita fiscal de
a) 56€.
b) 104€.
c) 48€.
d) 330€.

45.5. A aplicação do direito aduaneiro teve um impacto (negativo) sobre o excedente dos consumidores de
a) 56€.
b) 104€.
c) 48€.
d) 330€.

45.6. A aplicação do direito aduaneiro proporcionou um __________ em termos de bem-estar de _________.
a) custo; 56€
b) benefício; 104€
c) benefício; 48€
d) custo; 330€

45.7. O lucro perdido pelo monopolista estrangeiro e "transferido" para o país que aplicou o direito aduaneiro, ascende a
a) 56€.
b) 104€.
c) 48€.
d) 330€.

46. Considere a seguinte ilustração gráfica com duas empresas de nacionalidades diferentes vendendo num terceiro mercado (mercado de exportação), representando HH a função de reação da empresa interna nesse mercado (para os diversos níveis de vendas da empresa estrangeira nesse mercado) e FF a função de reação da empresa estrangeira. Xi e Xi* designam, respetivamente, a exportação do bem i pela empresa interna e pela empresa estrangeira.

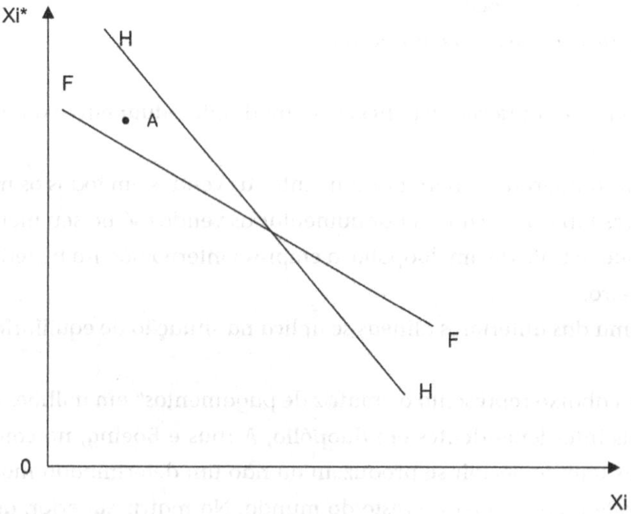

46.1. O declive da curva HH reflete o facto de que, se a empresa estrangeira aumentar as vendas do seu produto, no caso da empresa interna, o preço e o lucro _________ e ela quererá ___________ a quantidade oferecida.

a) aumentarão; reduzir
b) aumentarão; aumentar
c) diminuirão; aumentar
d) diminuirão; reduzir

46.2. Se duas empresas estiverem ambas a produzir para o mercado externo no ponto A e ambas quiserem maximizar o lucro, a empresa estrangeira irá ________ as suas vendas e a empresa interna acabará por ________ as suas vendas.

a) aumentar; reduzir
b) aumentar; aumentar também
c) reduzir; aumentar
d) reduzir; reduzir também

46.3. Perante a existência de economias de escala internas para ambas as empresas, um direito aduaneiro no mercado interno para manter afastada deste mercado a empresa estrangeira, implicará uma deslocação da curva HH para a _____ e a curva FF___________.

a) esquerda; desloca-se para a direita
b) esquerda; não se desloca
c) direita; não se desloca
d) direita; desloca-se para a esquerda

46.4. Se a empresa interna beneficiar de um direito aduaneiro e a empresa estrangeira não retaliar,

a) a empresa interna acabará por aumentar as vendas em todos os mercados.
b) a empresa interna acabará por aumentar as vendas só no seu mercado.
c) dado que se trata de um duopólio, a empresa interna não irá beneficiar do direito aduaneiro.
d) nenhuma das anteriores alíneas se aplica na situação de equilíbrio.

47. A figura abaixo representa a "matriz de pagamentos" em milhões de euros para duas empresas interdependentes em duopólio, Airbus e Boeing, no contexto em que estas empresas têm de decidir se produzem ou não um determinado modelo de avião que ambas pretendem vender ao resto do mundo. Na matriz superior, quando ambas produzem, os seus preços são reduzidos através da concorrência e ambas acabam por ter lucros negativos de 5 milhões de euros. Se uma delas não produzir, a outra obtém um lucro de 100 milhões de euros, e se nenhuma produzir, o lucro de ambas será nulo. Na matriz inferior, a Airbus recebe um subsídio de 25 milhões de euros à Airbus.

Boeing \ Airbus	Produz	Não produz
Produz	−5, −5	100, 0
Não produz	0, 100	0, 0

Boeing \ Airbus	Produz	Não produz
Produz	−5, 20	100, 0
Não produz	0, 125	0, 0

47.1. Sem subsídio, quando a Boeing produz, a melhor resposta da Airbus será

a) produzir sempre.
b) não produzir.
c) produzir só se o custo de produção for menos de 100 milhões de euros.
d) não produzir se o custo de produção exceder 5 milhões de euros.

47.2. Todas as coisas iguais, com o subsídio à Airbus, esta empresa irá

a) produzir sempre.
b) não produzir nunca.
c) só produzir se a Boeing não produzir.
d) só produzir se a Boeing produzir.

48. Na presença de *dumping*, uma empresa exportadora vende o seu produto a um preço __________ no país importador do que no seu mercado interno, e isso sugere que a procura para o produto do exportador é __________ no país exportador do que no país importador.

a) mais elevado; mais elástica
b) mais elevado; menos elástica
c) mais baixo; mais elástica
d) mais baixo; menos elástica

B. Resposta aberta

1. O responsável do governo chinês da pasta da Economia deseja aumentar a produção nacional de automóveis e está indeciso entre aplicar um direito aduaneiro, uma quota sobre as importações equivalente, ou um subsídio à produção chinesa. Explique que recomendação daria em termos do impacto no bem-estar para a China destes três instrumentos, assumindo que a quantidade produzida é a mesma com qualquer um deles.

Resolução

Recorrendo à análise em equilíbrio parcial geralmente usada para análise dos efeitos das medidas referidas, o subsídio à produção é a medida que minimiza os impactos negativos sobre o bem-estar, dado que, permanecendo inalterado o preço nacional, o excedente do consumidor também não se altera. Quanto às restantes medidas, uma quota equivalente ao direito aduaneiro tem os mesmos efeitos económicos do direito no preço e nas quantidades. No que se refere às receitas, no caso de existir licenciamento das importações, poderão reverter totalmente para o Estado, como no caso do direito, se o preço da licença for igual ao montante do direito (se for inferior, o restante ficará para o importador). No caso de não existir licenciamento, essa receita será do importador. Pode-se assumir que existem atividades de *rent seeking* para apropriação da quota por parte dos importadores, o que representará um custo adicional para o bem-estar do país, que, geralmente, não existe no caso do direito aduaneiro. Em suma, na ausência de *rent seeking*, o efeito líquido no bem-estar da quota e do direito serão iguais, mas a distribuição do rendimento poderá ser diferente. Finalmente, é possível que os exportadores estrangeiros se encontrem organizados e vendam à China ao preço em vigor no mercado interno chinês; neste caso, há uma perda adicional para a China, não havendo apropriação, a nível nacional, da receita proporcionada pela quota.

2. Acerca do comportamento do mercado nacional para o bem X, sabe-se que o seu preço de equilíbrio é de 1 libra (£1) quando não é permitida a importação e que, com este preço, a oferta se eleva a 80 unidades de X. Quando se permite a livre importação ao preço do mercado internacional – £0,5 –, a procura tende a estabilizar-se em 155 unidades e a importação em 125. Supondo que não existem obstáculos ao funcionamento do mercado em concorrência perfeita, responda às seguintes questões:

a) Quais os efeitos imediatos no mercado derivados da aplicação de um direito *ad valorem* de 40% sobre as importações de X? Ilustre graficamente.
b) Considerando que o Governo passa a utilizar como critério para o estabelecimento de direitos aduaneiros a igualdade entre a receita fiscal e o custo de proteção, a que nível se fixaria a importação de X?

Resolução

a)

Efeito sobre o preço interno:

$P = 0{,}5 \cdot (1 + 0{,}4);$

$P = 0{,}7.$

O preço interno passa de 0,5 para 0,7 libras.

Efeito sobre a produção nacional:

$P = a + (0{,}5/50) \cdot Q;$

$1 = a + (0{,}5/50) \cdot 80;$

$a = 0{,}2;$

$P = 0{,}2 + 0{,}01 \cdot Q;$

$Q = -20 + 100 \cdot P;$

$Q = -20 + 100 \cdot 0{,}7;$

$Q = 50.$

A produção interna sobe de 155 − 125 = 30 para 50 unidades.

Efeito sobre o consumo:

$P = b - (0{,}5/75) \cdot Q;$

$1 = b - (0{,}5/75) \cdot 80;$

$b = 23/15;$

$P = 23/15 - (1/150) \cdot Q;$

$Q = 230 - 150 \cdot P.$

O consumo desce de 155 para 230 − 150 · 0,7 = 125 unidades.

Efeito sobre as importações: as importações passam de 125 para 125 − 50 = 75 unidades.

Ilustração gráfica:

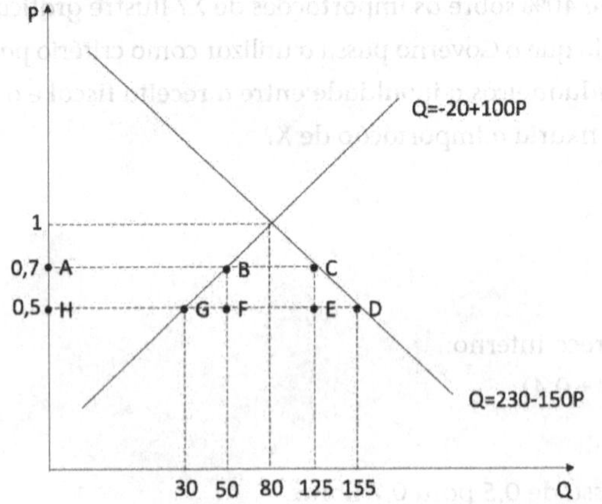

O excedente dos consumidores diminui no correspondente a ACDH, ou seja,

$-[0{,}2 \cdot 125 + (0{,}2 \cdot 30)/2\,] = -28$ libras.

O excedente dos produtores aumenta no correspondente a ABGH, ou seja,

$0{,}2 \cdot 30 + (0{,}2 \cdot 20)/2 = 8$ libras.

A receita dos Estado corresponde a BCEF, ou seja,

$0{,}2 \cdot 75 = 15$ libras.

O custo de proteção suportado pela economia é o correspondente a − (BFG + CDE), ou seja, $-\,[(0{,}2 \cdot 20)/2 + (0{,}2 \cdot 30)/2] = -5$ libras.

b)

Pretende-se, em primeiro lugar, calcular o montante do direito aduaneiro (t) que torne BCEF = BFG + CDE.

Ora, $BCEF = Imp \cdot t = (Q^d x - Q^s x) \cdot t$, e

$BFG + CDE = (Q^s x - 30) \cdot t/2 + (155 - Q^d x) \cdot t/2$,

pelo que se pretende que $(Q^d x - Q^s x) \cdot t = [(Q^s x - 30)/2 + (155 - Q^d x)/2] \cdot t$.

Atendendo a que:

$Q^d x = 230 - 150 \cdot P$;

$Q^s x = -20 + 100 \cdot P$,

tem-se que t = 0,33(3).

Direito aduaneiro em termos *ad-valorem*: 0,33(3)/0,5 · 100 = 66 (%).

Preço interno com t: 0,5 + 0,33 = 0,83.

Produção com t= -20 + 100 · 0,83 = 63.

Consumo com t= 230 − 150 · 0,83 = 105,5.

Importação com t= 105,5 − 63 = 42,5 unidades.

3. Considere a figura seguinte que ilustra o comportamento dos produtores e dos consumidores internos no mercado do bem X no país A, país Pequeno, na situação de autarcia:

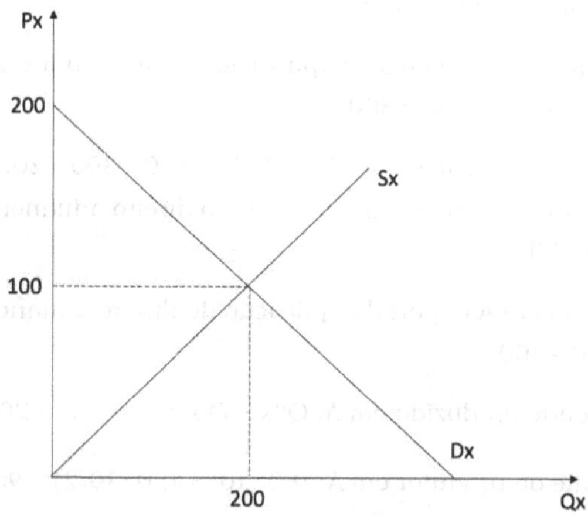

Considerando que o país A decidiu importar o bem X do país B, onde o preço é 40 unidades monetárias, mas está a equacionar a possibilidade de aplicar um direito aduaneiro de 25% sobre esse preço, calcule o impacto desta medida protecionista sobre o consumo, a produção e o excedente do produtor no país A.

Resolução

Expressão analítica da curva de oferta em A:

$Px = (100/200) \cdot Q^s x$;

$200Px = 100\ Q^s x$;

$Q^s x = 2\ Px$.

Expressão analítica da curva de procura em A:

$Px = 200 - (100/200) \cdot Q^dx$;

$(100/200) \cdot Q^dx = 200 - Px$;

$100Q^dx = 40\,000 - 200Px$;

$Q^dx = 400 - 2Px$.

Preço em A depois da aplicação do direito aduaneiro:

$P'x = 40 + 0{,}25 \cdot 40 = 50$.

Quantidade consumida em A antes da aplicação do direito aduaneiro:

$Q^dx = 400 - 2Px = 400 - 2 \cdot 40 = 320$.

Quantidade consumida em A depois da aplicação do direito aduaneiro:

$Q^{d\prime}x = 400 - 2P'x = 400 - 2 \cdot 50 = 300$.

Diminuição do consumo interno em A: $Q^dx - Q^{d\prime}x = 320 - 300 = 20$.

Quantidade produzida em A antes da aplicação do direito aduaneiro:

$Q^sx = 2Px = 2 \cdot 40 = 80$.

Quantidade produzida em A depois da aplicação do direito aduaneiro:

$Q^{s\prime}x = 2P'x = 2 \cdot 50 = 100$.

Aumento da quantidade produzida em A: $Q^{s\prime}x - Q^sx = 100 - 80 = 20$.

Variação do excedente do produtor em A: $(80 \cdot 10) + (20 \cdot 10/2) = 900$ u.m.

4. Comente a seguinte afirmação: "Uma quota na importação e um direito aduaneiro podem ter um efeito igual sobre a quantidade importada de um certo bem. Se assim for, o mecanismo que fará variar o preço do bem no mercado interno nos dois casos será também igual."

Resolução

A afirmação é falsa. No caso do direito aduaneiro, o efeito no preço é direto enquanto no caso da quota decorre da redução da quantidade importada, que cria excesso de procura no mercado interno.

5. O país A é um Pequeno importador do bem X, cujo preço de equilíbrio internacional é igual a 8, com funções de procura e de oferta dadas, respetivamente, por:

$Q^dx = 60\text{-}3Px;$

$Q^sx = 4Px\text{-}10.$

a) Qual o valor da quota que aplicada na importação de X terá efeitos equivalentes a um direito aduaneiro de 12,5%?

b) Qual é o valor mínimo do direito *ad-valorem* proibitivo para o país A?

Resolução

a)

Preço com direito aduaneiro: $P \cdot (1+0{,}125) = 9$.

Para $P = 9$, tem-se $Q^dx = 60\text{-}3 \cdot 9 = 33$.

$Q^sx = 4 \cdot 9 - 10 = 26$.

$Q^dx - Q^sx = 7$ (quota equivalente).

b)

$Q^dx - Q^sx = 0;$

$60 - 3Px - (4Px\text{-}10) = 0;$

$Px = 10.$

Direito *ad-valorem* proibitivo: $[(10 - 8)/8] \cdot 100 = 25\%$.

6. As funções de procura e de oferta nacionais do bem X podem ser representadas, respetivamente, por:

$Q^dx = 3000 - 300Px;$

$Q^sx = -250 + 200Px.$

Sabendo que o preço do bem X no mercado internacional é inferior em 2,5 unidades monetárias ao preço de equilíbrio autárcico, determine o valor do direito aduaneiro *ad valorem* correspondente a uma restrição quantitativa (quota) na importação de 300 unidades do bem X.

Resolução

Determinação do preço de equilíbrio autárcico:

$Q^dx = Q^sx$;

$3000 - 300 \cdot Px = -250 + 200 \cdot Px$;

$-500Px = -3250$;

$Px = 6{,}5$.

Determinação do preço no mercado internacional:

$Px^{INT} = 6{,}5 - 2{,}5 = 4$.

Determinação do preço interno com a restrição quantitativa de 300 unidades:

$3000 - 300Px - (-250 + 200Px) = 300$;

$3000 - 300Px + 250 - 200Px = 300$;

$-500Px = -2950$;

$Px = 5{,}9$.

Determinação do direito aduaneiro *ad valorem*:

$t = (1{,}9/4) \cdot 100 = 47{,}5\%$.

7. Considere a economia B, Pequena, aberta, produtora e consumidora do bem X, relativamente ao qual se estimaram as seguintes funções de procura e de oferta, respetivamente:

$Q^dx = 50 - 3P$;

$P = Q^sx/2$.

O preço do bem X no mercado internacional é metade do preço que vigorava nesta economia antes da abertura ao comércio. O governo estuda a possibilidade de aplicar um direito *ad valorem* de 25% sobre as importações do bem X ou, alternativamente, uma quota na importação no montante de 15 unidades.

a) Se o objetivo do governo for proteger a indústria nacional, qual a alternativa que deve escolher? Justifique.

b) Qual das duas alternativas penaliza menos o consumidor? Justifique e ilustre graficamente os efeitos das duas medidas.

Resolução

a)

Determinação do preço de autarcia:

$Q^dx = Q^sx$;

$50 - 3P = 2P$;

$P = 10$.

O preço do bem no mercado internacional é de 10/2 = 5.

O direito *ad valorem* de 25% faz aumentar o preço do bem X no mercado interno para $5 \cdot (1 + 0{,}25) = 6{,}25$, fazendo com que a produção nacional se fixe em $2 \cdot 6{,}25 = 12{,}5$ unidades. Alternativamente, uma quota na importação no montante de 15 unidades fará o preço interno subir para

$Q^dx - Q^sx = 15 \Rightarrow 50 - 3P - 2P = 15 \Rightarrow P = 7$,

fixando a produção em $2 \cdot 7 = 14$ unidades. Deste modo, a quota preenche melhor o objetivo do governo.

b) O direito aduaneiro penaliza menos o consumidor, pois o aumento de preço não é tão acentuado. Esta alternativa permite que o consumo seja de $50 - 3 \cdot 6{,}25 = 31{,}25$ unidades, enquanto no caso da quota o consumo será de $50 - 3 \cdot 7 = 29$ unidades. Também ao nível do excedente do consumidor, as perdas em unidades monetárias não são tão acentuadas no caso do direito aduaneiro ($1{,}25 \cdot 31{,}25 + 1{,}25 \cdot 3{,}75/2 = 41{,}4$, contra $2 \cdot 29 + 2 \cdot 6/2 = 64$ com a quota).

Os valores obtidos para os preços e as quantidades consumidas e produzidas, constam da ilustração gráfica abaixo:

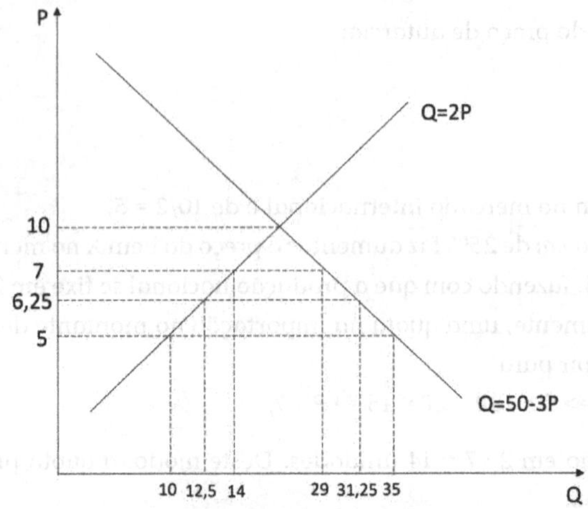

8. Suponha o país A (país Pequeno) que importa livremente o bem X do resto do mundo. As funções de procura e de oferta nacionais deste bem são dadas, respetivamente, pelas expressões analíticas seguintes:

$Q^dx = 60 - 3Px$;

$Q^sx = -10 + 2Px$.

Este país não tem tradição na proteção deste bem e apresenta um preço de equilíbrio em autarcia que é o dobro do verificado no resto do mundo.

a) Supondo que resolve proteger temporariamente a indústria nacional, em detrimento do bem-estar dos consumidores nacionais, diga, justificando, se deve optar por um direito aduaneiro de 20% ou por uma quota na importação de 20 unidades.

b) Suponha que a proteção produziu os efeitos desejados e o país se tornou mais eficiente nesta indústria. Ilustre graficamente esta nova condição no mercado nacional do bem X.

Resolução

a)

O objetivo é escolher a alternativa (direito aduaneiro de 20% sobre as importações ou quota de 20 unidades físicas) que provoque um maior crescimento da produção nacional.

Preço de autarcia no país A:

$Q^dx = Q^sx;$

$60 - 3Px = -10 + 2Px;$

$-5Px = -70;$

$Px = 14.$

Preço de livre comércio:

$Px = 14/2 = 7.$

Preço no mercado de A após a aplicação de um direito aduaneiro de 20%:

$Px = 7 + 0{,}2 \cdot 7 = 8{,}4.$

Preço no mercado de A após o estabelecimento de uma quota na importação de 20 unidades:

$Q^dx - Q^sx = 20;$

$60 - 3Px + 10 - 2Px = 20;$

$Px = 10.$

Produção de X em A após a aplicação do direito aduaneiro de 20% sobre as importações:

$Q^sx = -10 + 2Px = -10 + 2 \cdot 8{,}4 = 6{,}8.$

Produção de X em A após o estabelecimento de uma quota na importação de 20 unidades físicas:

$Q^sx = -10 + 2Px = -10 + 2 \cdot 10 = 10.$

Conclusão: O país deve optar pela quota pois é a que protege melhor a indústria nacional.

b)

A melhoria das condições de eficiência traduz-se num deslocamento da curva de oferta dos produtores nacionais. Após a obtenção dos efeitos desejados, estes produtores estão em condições de oferecer uma maior quantidade ao mesmo preço, ou, alternativamente, de oferecer a mesma quantidade a preços mais baixos, em resultado do aumento de eficiência. Assim, em termos gráficos, este fenómeno traduz-se num deslocamento para a direita da curva de oferta em relação à situação inicial, como se ilustra na figura seguinte, na qual S e D são, respetivamente, as curvas de oferta e de procura internas.

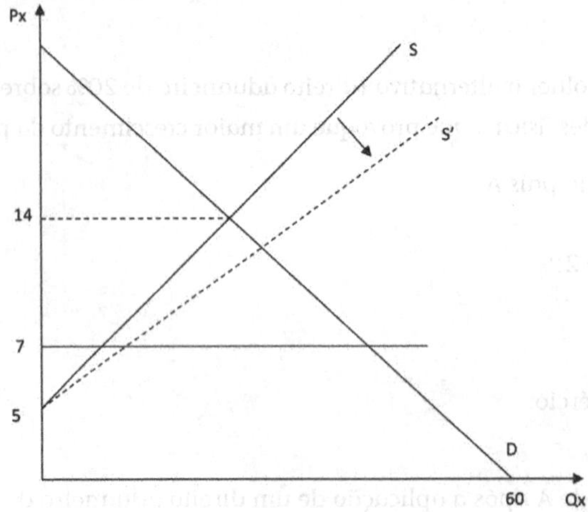

9. Suponha a economia Pequena A, que importa o bem X da economia B ao preço de 2,5. As funções de procura e de oferta relativas àquele bem são, respetivamente, as seguintes:

$Q^dx = 50 - 10Px;$

$Q^sx = -10 + 5Px.$

O governo deste país pensa aplicar um direito aduaneiro *ad valorem* de 30% sobre as importações de X. Calcule o preço da licença de importação por unidade importada se o governo, em alternativa, decidir aplicar uma quota na importação sujeita a licenciamento e quiser obter a mesma receita fiscal que obteria com o direito aduaneiro.

Resolução

Preço no mercado interno do bem X após o direito aduaneiro:

$P'x = Px + 0{,}3Px = 2{,}5 + 0{,}3 \cdot 2{,}5 = 3{,}25.$

Quantidade consumida antes da aplicação do direito aduaneiro:

$Q^dx = 50 - 10Px = 50 - 10 \cdot 2{,}5 = 25.$

Quantidade consumida depois da aplicação do direito aduaneiro:

$Q^{d\prime}x = 50 - 10P'x = 50 - 10 \cdot 3{,}25 = 17{,}5.$

Quantidade produzida antes da aplicação do direito aduaneiro:

$Q^sx = -10 + 5Px = -10 + 5 \cdot 2{,}5 = 2{,}5.$

Quantidade produzida depois da aplicação do direito aduaneiro:

$Q^{s}{'}x = -10 + 5P'x = -10 + 5 \cdot 3,25 = 6,25$.

Montante físico da quota na importação que garante o mesmo nível de proteção da indústria nacional que o direito aduaneiro:

$P'x = 3,25 \Rightarrow Q^{s}{'}x = 6,25$ e $Q^{d}{'}x = 17,5$.

$Q^{d}{'}x - Q^{s}{'}x = 17,5 - 6,25 = 11,25$ (quota equivalente).

Receita fiscal (RF) obtida com o direito aduaneiro:

$RF = (Q^{d}{'}x - Q^{s}{'}x) \cdot (P'x - Px) = (17,5 - 6,25) \cdot (3,25 - 2,5) = 8,4375$ u.m. (para uma importação de 11,25).

Preço da licença de importação por unidade importada (PL):

$PL = 8,4375 / 11,25 = 0,75$ u.m., que corresponde ao valor arrecadado pelo Estado por unidade importada no caso do direito aduaneiro.

10. Suponha determinada indústria interna produtora do bem X e importadora do bem intermédio Y. Represente graficamente a relação que deve existir entre os direitos aduaneiros aplicados a X e a Y que garantem uma taxa de proteção efetiva igual à taxa de proteção nominal. Identifique, nesse mesmo gráfico, os casos em que a política comercial garante uma taxa de proteção efetiva superior à taxa de proteção nominal.

Resolução

Sejam:

t o direito *ad valorem* sobre as importações de X (taxa de proteção nominal de X),

t_m o direito *ad valorem* sobre as importações de Y,

α o custo do bem intermédio importado por unidade monetária do bem final, e "e" a taxa de proteção efetiva.

Condição para $e = t$:

$(t - \alpha t_m)/(1-\alpha) = t \Rightarrow t - \alpha t_m = t - \alpha t \Rightarrow -\alpha t_m = -\alpha t \Rightarrow t_m = t$.

Condição para $e > t$:

$(t - \alpha t_m)/(1 - \alpha) > t \Rightarrow t - \alpha t_m > t - \alpha t \Rightarrow -\alpha t_m > -\alpha t \Rightarrow t_m < t$.

Representação gráfica:

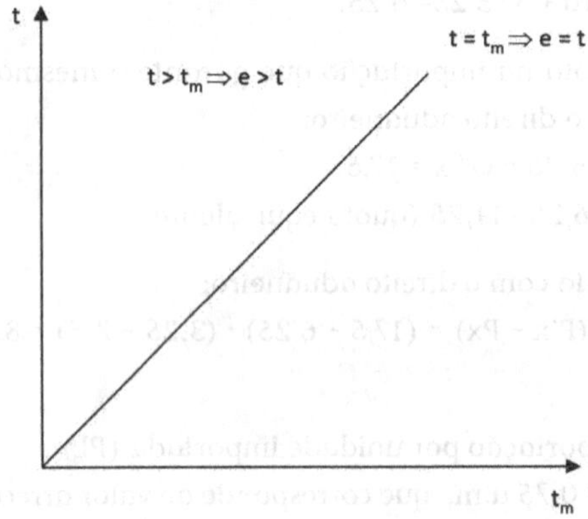

11. Considere que o país A importa sapatos sobre os quais incide um direito aduaneiro *ad valorem* de 25%. No entanto, os industriais de calçado que concorrem com as importações consideram que a proteção do valor acrescentado é bastante inferior. Será isso possível?

Resolução

É possível se o direito aduaneiro que incide sobre os consumos intermédios importados para a indústria de calçado nacional for superior a 25%.

12. "Com uma taxa de proteção efetiva de 100%, um sector tem o nível máximo de proteção de que pode beneficiar". Comente, justificando a sua resposta.

Resolução

A afirmação não está correta. A taxa de proteção efetiva pode atingir valores superiores a 100%, conforme se pode provar analisando a respetiva fórmula (e):

$$e = (t - \alpha t_m)/(1-\alpha) > 1 \Rightarrow t-\alpha t_m > 1-\alpha \Rightarrow t > 1-\alpha+\alpha t_m.$$

13. O preço mundial de um automóvel é de 18 300 euros. A fim de desenvolver a sua indústria automóvel, a União Europeia instaura um direito aduaneiro *ad valorem* de 20% sobre as importações de automóveis. O quadro abaixo indica o custo médio em bens

intermédios usados no fabrico do automóvel em situação de comércio livre e os direitos aduaneiros *ad valorem* que incidem nesses bens.

Bens intermédios	Custo unitário (euros)	Direitos aduaneiros *ad valorem* (%)
Motor (M)	3810	10
Componentes eletrónicos (C)	1525	15
Outras peças (O)	6100	8

Tendo em consideração os elementos anteriores, calcule a taxa de proteção efetiva.

Resolução

Seja αij o peso do custo do bem intermédio i no valor unitário do bem final j.

αMj = 3810/18 300 = 0,208;

αCj = 1525/18 300 = 0,083,

αAj =6100/18 300 = 0,333.

e = (0,2-0,208 · 0,1-0,083 · 0,15-0,333 · 0,08)/(1-0,208-0,083-0,333) = 0,3726.

Taxa de proteção efetiva (e): 37%.

14. A produção interna de X tem uma incorporação nacional de 40% do valor do produto, possuindo uma taxa de proteção efetiva do valor acrescentado de 112,5%, para o que contribui o baixo nível dos direitos aduaneiros que recaem sobre os bens intermédios importados, cujo valor médio ponderado é de 8,3(3)%. Determine a taxa de proteção nominal do setor.

Resolução

α=1-0,4=0,6.

1,125 =(t-0,6 · 0,0833)/(1-0,6) => t=0,5.

Taxa de proteção nominal é de 50%.

15. Supondo que não existe imposição de direitos aduaneiros sobre os bens intermédios importados para a produção interna de X, determine a relação entre a taxa de proteção efetiva (e) e a taxa de proteção nominal (t) nas três hipóteses seguintes, em que *a* é o valor do bem intermédio importado por unidade monetária do bem final: *a* = 0,25, *a* = 0,5 e *a* = 0,75. Que conclusão poderá extrair dos resultados a que chegou?

Resolução

Dado que e = (t – *a* · tm) / (1 – *a*) e tm = 0, verifica-se que:

Se *a* = 0,25, e = t/0,75;

Se *a* = 0,5, e = t/0,5;

Se *a* = 0,75, e = t/0,25.

Conclui-se que quanto mais alto for o peso dos bens intermédios importados no valor unitário do produto final, maior será a taxa de proteção efetiva para um determinado nível de imposição de direitos aduaneiros sobre o produto final.

16. Qual o efeito de um subsídio às exportações de um país Pequeno sobre o preço interno do bem subsidiado? Justifique.

Resolução

No mercado internacional, o preço do bem exportado não se altera porque o país é Pequeno. Quanto ao preço do bem no mercado interno, sobe para o nível do preço internacional mais o montante do subsídio, pois o produtor irá preferir exportar a vender no mercado interno, a não ser que o preço interno suba para esse nível (o que ocorre por via da redução da oferta no mercado interno).

17. O governo decidiu apoiar a produção e a exportação de tomate sob a forma de um subsídio à exportação no valor de 60 euros por tonelada exportada. O preço no mercado mundial é de 300 euros/tonelada. As funções de oferta e de procura são,

$Q^s = P/3$;

$Q^d = 140 - P/6$;

em que Q^s e Q^d representam, respetivamente, a oferta e a procura nacionais expressas em toneladas.

a) Avalie o impacto económico dessas medidas sobre a situação dos produtores e dos consumidores e o correspondente efeito fiscal.

b) Avalie o impacto desta medida sobre a balança comercial.

Resolução

a) Como o preço interno passa de 300 para 360, a produção vai aumentar de $Q^s = 300/3 = 100$ para $Q^{s'} = 360/3 = 120$ unidades e a procura interna vai diminuir de $Q^d = 140 - 300/6 = 90$ para $Q^{d'} = 140 - 360/6 = 80$ unidades. Isto traduz-se num aumento do excedente dos produtores de $60 \cdot 100 + (60 \cdot 20)/2 = 6600$ euros e numa diminuição do excedente dos consumidores de $60 \cdot 80 + (60 \cdot 10)/2 = 5100$ euros. Por último, a despesa pública aumenta em $(120 - 80) \cdot 60 = 2400$ euros.

b) Contribuição para o saldo da balança comercial:

Antes da aplicação do subsídio: $(100 - 90) \cdot 300 = 3000$ euros;

Depois da aplicação do subsídio: $(120 - 80) \cdot 300 = 12\ 000$ euros;

Aumento da contribuição do subsídio para o saldo: $12\ 000 - 3000 = 9000$ euros.

18. A fim de estimular a produção nacional de um certo produto, um país introduz um direito aduaneiro sobre a sua importação. Que implicações poderá ter para o preço praticado neste país o facto de ele ser dos principais compradores mundiais do produto em questão? Justifique, ilustrando graficamente a sua resposta.

Resolução

Na presença de um país Grande, as alterações no nível da procura interna irão repercutir-se sobre o preço internacional, dado que a diminuição das importações resultante da imposição do direito aduaneiro será considerada importante para o país exportador, que reagirá baixando o preço do bem. Para o país importador, a descida do preço de importação reduz o aumento do preço interno do bem provocado pelo direito aduaneiro e o país poderá, inclusive, registar, por via dessa descida, um efeito líquido no bem-estar positivo.

Uma representação gráfica possível é a do gráfico abaixo, que representa as curvas da oferta e da procura internas no país que aplica o direito aduaneiro (gráfico da esquerda) e no parceiro comercial (gráfico da direita).

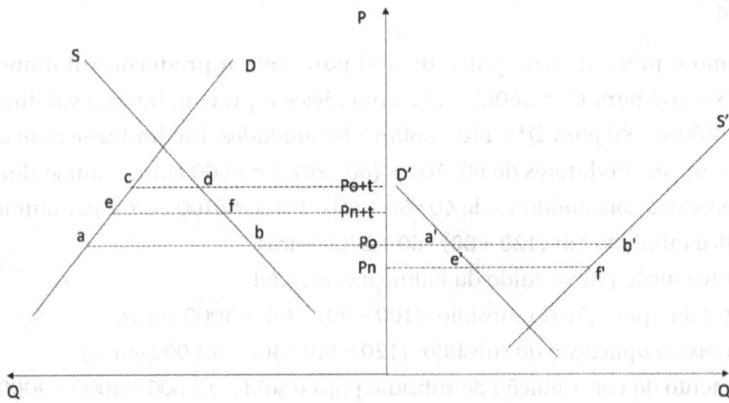

Com livre comércio, o preço será Po, o montante de importações ab e o correspondente montante de exportações do parceiro comercial será a'b'. A introdução de um direito aduaneiro no montante de t faz com que o preço interno passe para Po+t, e as importações diminuem para cd (dado que os consumidores preferem, por hipótese, começar por consumir a produção nacional e esta aumenta como reação à subida do preço). Como no mercado internacional se mantém o preço Po, a quantidade de produtos que o parceiro comercial deseja exportar não se altera (a'b'). Sendo a'b' > cd, a oferta do produto no mercado internacional é superior à procura, o que tende a fazer baixar o preço do bem até que a oferta e a procura se igualem no mercado internacional, como acontece quando o preço internacional desce para Pn. A esse preço, os exportadores querem exportar e'f', enquanto a economia importadora, na qual vigora o preço interno Pn+t, quer importar ef, sendo ef = e'f'.

Note-se que a proteção irá penalizar os parceiros comerciais (exportadores), que terão uma redução nas suas receitas de exportação, podendo retaliar e, por essa via, reduzir o benefício para o país importador resultante da melhoria dos termos de troca internacional, não se podendo excluir a possibilidade de o país ficar pior do que na situação inicial.

19. Ilustre o impacto no bem-estar no caso de um país Grande com a aplicação de três instrumentos de proteção comercial com o mesmo efeito nas importações, designadamente, um direito aduaneiro, uma quota na importação e uma Restrição Voluntária nas Exportações (quota nas exportações), recorrendo a uma representação gráfica dos efeitos no caso do país importador.

Resolução

Sejam o país 1 o país importador e o país 2 o Resto do Mundo. No gráfico abaixo, as curvas Sd e Dd representam, respetivamente, as curvas da procura e da oferta internas do país 1, e Sw representa a curva da oferta mundial.

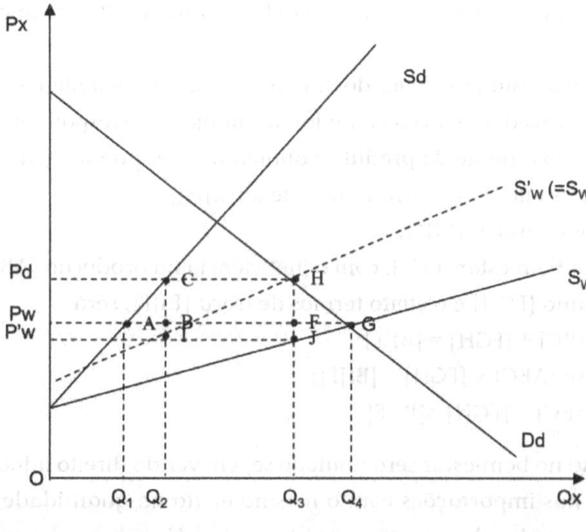

A curva da oferta mundial (Sw) obtêm-se somando, para cada preço, a quantidade oferecida pelo país 1 com a oferta de exportações do país 2/procura de importações do país 1. Sw tem declive positivo, exprimindo que o país tem influência na formação do preço internacional (a curva de oferta de exportações do país 2 ao país 1 é positivamente inclinada). No gráfico apresentado, assume-se que o país 1 começa a produzir para o mesmo preço para o qual o país 2 quererá começar a exportar para o país 1 (se assim não fosse, a curva S_w seria quebrada).

Com comércio livre, tem-se: produção OQ_1; consumo OQ_4; importações Q_1Q_4; e preço de equilíbrio no mercado internacional no nível Pw[12].

[12] Note-se que o preço mundial (Pw) é o que iguala a procura e a oferta mundiais, ou seja, é o preço para o qual $Q^d_1+Q^d_2=Q^s_1+Q^s_2$, em que Qd_1 e Qd_2 se referem à procura nos mercados dos países 1 e 2, respetivamente, e Q^s_1 e Q^s_2 à oferta dos países 1 e 2, respetivamente. Q^s_2 subdivide-se em oferta para o mercado interno do país 2 e oferta para exportação para o país 1 (Q^s_{2exp}) e Pw será o preço para o qual $Q^d_1=Q^s_1+Q^s_{2exp}$ (com $Q^s_1+Q^s_{2exp}=S_w$).

Com a imposição do direito aduaneiro de montante t, Dd e Sd não se deslocam, mas Sw desloca-se para a esquerda para S'w (=Sw + t) (sendo a distância na vertical entre S'w e Sw, para cada nível de importação, o correspondente ao montante do direito). Com o direito, o preço mundial desce para P'w, devido à diminuição da procura de importações por parte do país 1, e o preço interno sobe para Pd = P'w+t (P'w+t < Pw + t). A produção aumenta para OQ_2, o consumo reduz-se para OQ3, e as importações serão Q_2Q_3.

Em termos de bem-estar, os efeitos do direito t serão, consequentemente, os seguintes:

- Efeito sobre o excedente do consumidor: diminuição correspondente a [PdPwGH];
- Efeito sobre o excedente do produtor: aumento correspondente a [PwPdAC)];
- Efeito fiscal: receita fiscal correspondente a [CIJH];
- Efeito termos de troca: [BIJF];
- Efeito sobre o bem-estar social: com a ineficiência na produção [ABC], a ineficiência no consumo [FGH] e o efeito termos de troca [BIJF], será:
  - Nulo se [ABC] + [FGH] = [BIJF];
  - Negativo se [ABC] + [FGH] > [BIJF];
  - Positivo [ABC] + [FGH] <[BIJF].

O efeito líquido no bem-estar será análogo se, em vez do direito aduaneiro, for aplicada uma quota nas importações com o mesmo efeito na quantidade importada do direito aduaneiro analisado, exceto se existir *rent seeking*, o que levará a um menor ganho/maior perda de bem-estar. Com uma quota na exportação de montante igual à quota nas importações, existirá perda de bem-estar correspondente à área [ACHG].

20. Admita que o país A importa um produto X, cujas funções de procura e de oferta internas são dadas, respetivamente, por:

Dx = 100-20Px;

Sx = 20+20Px.

Sabendo ainda que a oferta mundial (S_wx) é determinada pela expressão S_wx = 40+20Px, determine:

a) Os efeitos que resultam da aplicação de um direito aduaneiro específico às importações de 0,5 unidades monetárias.

b) Suponha que o país é Pequeno e diga, justificando, se as conclusões a que chegou na alínea anterior permanecem válidas.

Resolução

Determinação do preço interno (P_d):

$S_wx = 40+20Px \Rightarrow Px = 1/20S_wx-2$.

Se $Px = 1/20S_wx-2+0,5 \Rightarrow S_wx = 20Px+30$ e $20Px+30 = 100-20Px \Rightarrow Px = 1,75$.

Para Px = 1,75, Dx = 65 e Sx = 55.

Determinação do preço mundial de comércio livre (P_wx):

$40+20Px = 100-20Px \Rightarrow Px = 1,5$.

Para Px = 1,5, Dx (= S_wx) = 70 e Sx = 50.

Determinação do preço mundial após o direito aduaneiro (P'_wx):

Se Dx=65, tendo em consideração a expressão analítica da curva S_wx, 65 = 40+20Px, podemos concluir que Px=1,25.

Efeito fiscal: $(P_d-P'_wx) \cdot IMPx=5$ (em que IMP é a quantidade importada).

O impacto no bem-estar (vd. o gráfico da questão anterior), corresponde a

– ([ABC] +[FGH]) + [BIJF], ou seja:

$- [(55-50) \cdot (1,75-1,5)]/2 -[(70-65) \cdot (1,75-1,5)/2]+[(65-55) \cdot (1,5-1,25)]=1,25$ u.m.

b) O preço mundial manter-se-ia inalterado face à aplicação do direito aduaneiro. Para um preço mundial de 1,5, o direito específico elevaria o preço interno ao valor de autarcia e desapareceriam as importações. O bem-estar diminuiria.

21. Nas economias Gama e Resto do Mundo, de dimensões semelhantes, a procura e a oferta internas para o bem X são dadas, respetivamente, por:

Economia Gama: $Q^dx = 90 -15Px$;
$Q^sx = -10 + 5Px$;

Resto do Mundo: $Q^dx = 30 - 5Px$;
$Q^sx = 10 + 5Px$.

A economia Gama importa o bem X.

a) Determine o nível de importações de Gama de comércio livre.
b) Se Gama tivesse como objetivo reduzir o nível das suas importações para zero, qual seria o direito *ad valorem* mínimo que deveria impor?

Resolução

a) Para responder à questão, é necessário determinar o preço do bem X no mercado internacional de comércio livre, isto é, aquele que iguala o nível das importações de Gama com o volume de exportações do Resto do Mundo.

Determinação das funções de importação (M) e de exportação (X) do bem X:

Na economia Gama:

$M = Q^dx - Q^sx \Rightarrow M = 90 - 15Px - (-10 + 5Px) \Rightarrow M = 100 - 20Px;$

No Resto do Mundo:

$X = Q^sx - Q^dx \Rightarrow X = 10 + 5Px - (30 - 5Px) \Rightarrow X = -20 + 10Px.$

Equilíbrio nas trocas: $M = X \Rightarrow 100 - 20Px = -20 + 10Px \Rightarrow Px = 4$.

Para Px = 4 (preço de equilíbrio no mercado internacional), Gama importa 20 unidades.

b) O direito *ad valorem* (mínimo) proibitivo teria como efeito igualar a oferta e a procura internas em Gama. Para 90-15Px = -10+5Px, obtém-se Px = 5 e o nível de transações em Gama será de 15 unidades do produto referido.

Para se identificar o preço mundial que se forma com o direito aduaneiro proibitivo, temos de determinar a expressão analítica da curva da oferta mundial do bem X (S_wx).

No espaço dos pontos (Qx; Px) referente ao mercado do bem X em Gama, a função de oferta mundial é uma reta que passa pelos pontos (30; 4) e (0; 2). De facto, ao preço P = 4 de comércio livre, a procura interna em Gama iguala a oferta mundial ($D^dx = S_wx$). Como a quantidade procurada por Gama para P = 4 é 30, S_wx terá de passar pelo ponto (30; 4). Quanto ao ponto (0; 2), note-se que o Resto do Mundo não exporta quando a sua procura interna iguala a sua oferta interna, o que acontece quando P = 2, como se verifica igualando a procura interna à oferta no Resto do Mundo (30-5Px = 10+5Px).

A função de oferta mundial (S_wx) será, então, representada pela função:

$S_wx = 15Px - 30.$

Como Gama transaciona 15 unidades físicas quando o preço interno é 5, obtém-se que, para $S_wx = 15$, teremos Px = 3.

Procura interna: $Q^dx = 90 - 15Px.$
Se $Px = 0 \Rightarrow Q^dx = 90$.
Se $Q^dx = 0 \Rightarrow Px = 6$.

No espaço dos pontos (Qx; Px), a função de procura é uma reta que passa pelos pontos (90; 0) e (0; 6).

Oferta interna: $Q^s x = -10 + 5Px$, e

se $Px = 0 \Rightarrow Sx = -10$;

se $Q^s x = 0 \Rightarrow Px = 2$.

No espaço dos pontos (Qx; Px), a função de oferta interna é uma reta que passa pelos pontos (-10; 0) e (0; 2).

Se $Px = 4 \Rightarrow Q^s x = 10$ e $X = 20$.

Se $Px = 2 \Rightarrow Q^s x = 0$ e $X = 0$.

Note-se que como o direito é proibitivo, não há importações.

Para determinar o direito *ad valorem* proibitivo, sabe-se que:

$Pt = P\,(1 + t) \Rightarrow t = (Pt - P)/P$,

onde P e Pt são, respetivamente, os preços antes e depois da aplicação do direito (neste caso 3 e 5). Substituindo, tem-se um direito *ad valorem* sensivelmente igual a 66,7%.

O gráfico seguinte ilustra (aproximadamente) a economia Gama.

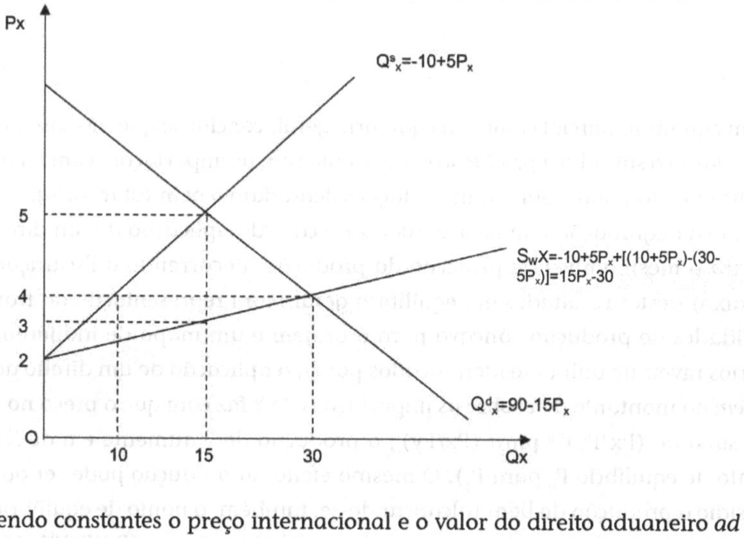

22. Sendo constantes o preço internacional e o valor do direito aduaneiro *ad valorem* para um determinado bem X importado, o custo de proteção relativo ao consumo será tanto maior

a) quanto maiores forem a elasticidade da procura e a dimensão económica do país.

b) quanto maior for a elasticidade da procura e menor a dimensão económica do país.
c) quanto menores forem a elasticidade da procura e a dimensão económica do país.
d) quanto menor for a elasticidade da procura e maior a dimensão económica do país.

Diga, justificando, qual a resposta correta.

Resolução

A resposta correta é a b): tanto maior será a reação dos consumidores ao novo preço interno resultante da introdução do direito aduaneiro, quanto maior for a elasticidade da procura e quanto menor for a dimensão do país (dado que, para uma economia Pequena, não há redução no preço de equilíbrio internacional).

23. Compare, em equilíbrio geral, para um país Pequeno, os efeitos sobre o bem-estar social da aplicação alternativa de um subsídio à produção concorrente com as importações ou de um direito aduaneiro sobre as importações.

Resolução

Tanto em equilíbrio parcial como em equilíbrio geral, conclui-se que, no caso de um país Pequeno, tanto o subsídio à produção concorrente com as importações como a imposição de um direito aduaneiro sobre as importações degradam o bem-estar social. Conclui-se, ainda, que a degradação é mais acentuada no caso da aplicação de um direito aduaneiro para o mesmo nível de proteção da produção. Recorrendo a ilustração gráfica (ver abaixo) destes resultados em equilíbrio geral (com representação da fronteira de possibilidades de produção côncava para a origem e um mapa de indiferença social com vários níveis de utilidade identificados por I), a aplicação de um direito aduaneiro *ad valorem* no montante de t sobre as importações de Y faz com que o preço no mercado interno suba de $(Px/Py)^{Int}$ para $(Px/Py)^{t}$, a produção de Y aumente e a de X diminua (do ponto de equilíbrio P_0 para P_1). O mesmo efeito na produção pode ser obtido com um subsídio à produção do bem (alcançando-se, também, o ponto de equilíbrio na produção em P_1), mas mantendo-se o preço no mercado interno em $(Px/Py)^{Int}$. O efeito no bem-estar social das duas medidas será, obviamente, diferente: no caso da aplicação do direito aduaneiro corresponde à diminuição de I_4 para I_2, enquanto a diminuição será somente de I_4 para I_3 com a aplicação do subsídio à produção.

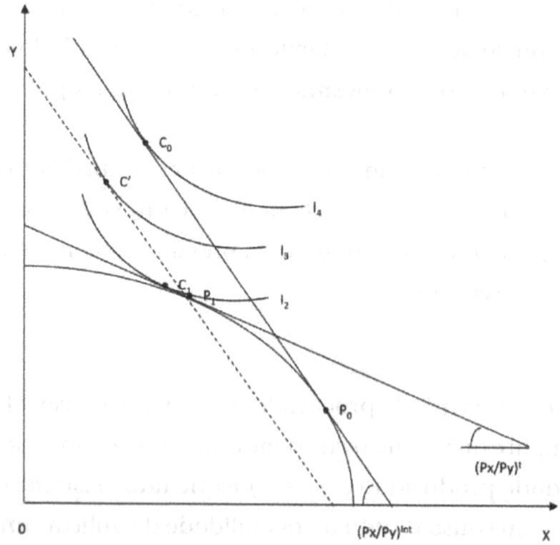

24. No Brasil, nos anos 90, foram lançados elevados direitos aduaneiros na importação de computadores com o argumento de que se tratava de proteger uma indústria nascente.

Qual o fundamento teórico para se proteger uma indústria nascente? Faça uma apreciação crítica do instrumento usado.

Resolução:

O fundamento teórico para a proteção da indústria nascente baseia-se na existência de economias de escala externas e/ou internas à firma num contexto em que essa indústria conseguirá vender o produto no mercado mundial a um preço inferior ao custo suportado por qualquer firma estrangeira que queira entrar no mercado, se beneficiar de um período de proteção da concorrência das firmas estrangeiras. Esta proteção deve ser temporária, ou seja, deve manter-se só até que a indústria nacional atinja uma dada dimensão que permita a venda do produto a um preço competitivo.

A proteção por via de um direito aduaneiro causa duas distorções: a distorção na produção (ineficiência na produção devido à entrada de produtores internos ineficientes) e a distorção no consumo (associada à diminuição do consumo devido à subida do preço). A proteção por via de um subsídio à indústria que concorre com as importações é, em geral, preferível ao direito aduaneiro porque provoca só uma distorção (a distorção na produção), visto não alterar o preço para os consumidores. Em qualquer caso, pela teoria das distorções, a regra é a política económica escolhida dever ser concebida em função do tipo de distorção que origina a externalidade, corrigindo-a na fonte (princípio da especificidade) e na medida da mesma, e sendo retirada após a respetiva correção.

25. Suponha que o mercado de um determinado bem num determinado país é abastecido exclusivamente por importações provenientes de uma empresa monopolista estrangeira. Suponha ainda que o comportamento da procura neste mercado pode ser descrito pela expressão analítica seguinte:

$Q = 140 - 10P,$

em que Q representa a quantidade procurada do bem em causa e P o respetivo preço.

Assuma, para simplificação, que o custo marginal que o monopolista suporta é independente da quantidade produzida (CMg = 5) e que não existem custos fixos.

O governo do país em causa estuda a possibilidade de aplicar um direito aduaneiro à importação deste bem no montante de 3 unidades monetárias por cada unidade importada, desde que esta medida contribua para o aumento do bem-estar nacional.

a) Em sua opinião, o governo deve ou não aplicar o direito aduaneiro, tendo exclusivamente em atenção o objetivo proposto? Justifique.

b) Acha correto que o governo deste país se preocupe apenas com os efeitos sobre o bem-estar nacional provocados pela aplicação do direito aduaneiro? Se tivesse de elaborar um parecer, que outros efeitos acharia conveniente serem mencionados?

Resolução

a) A resposta a esta questão exige que se levem em consideração dois efeitos fundamentais da aplicação de um direito aduaneiro sobre a importação de um bem nas condições do enunciado. O primeiro é a obtenção de uma receita fiscal (RF), o que tem um impacto positivo sobre o bem-estar nacional. O segundo é a diminuição do excedente dos consumidores (EC) derivada de um aumento de preço no mercado interno e de uma redução da quantidade importada. Este segundo efeito tem um impacto negativo sobre o bem-estar nacional.

O cálculo da receita fiscal obriga a determinar a quantidade importada após a aplicação do direito aduaneiro. Tendo em atenção o comportamento da procura, o exercício obriga a determinar, em primeiro lugar, a expressão analítica da curva de receita marginal (RMg) para o monopolista:

RMg = (RT)', em que RT designa a receita total;

$RT = P \cdot Q = (14 - 0{,}1Q) \cdot Q = 14Q - 0{,}1Q^2$;
$RMg = 14 - 0{,}2Q$.

A condição de maximização do lucro para o monopolista é dada por:
$RMg = CMg$,

em que CMg é o custo marginal.

No entanto, deve-se ter em atenção que, após a aplicação do direito aduaneiro, ao CMg do monopolista deve somar-se o montante do direito aduaneiro (t = 3). Deste modo, tem-se: $RMg = CMg + t \Rightarrow 14 - 0{,}2Q = 5 + 3 \Rightarrow 14 - 0{,}2Q = 8 \Rightarrow 0{,}2Q = 14 - 8 \Rightarrow 0{,}2Q = 6$.

A quantidade importada após a aplicação do direito aduaneiro é, portanto, Q = 30. Tendo em atenção que sobre cada unidade importada recai um direito de 3 unidades monetárias, a receita fiscal (RF) será: $RF = 30 \cdot 3 = 90$ u.m.

Quanto ao excedente do consumidor (EC), ele deve ser calculado antes e depois da aplicação do direito aduaneiro. Para tal, é necessário calcular as quantidades importadas e os preços no mercado interno, conforme tabela abaixo:

	Preço no mercado interno	*Quantidade importada*	*Excedente do consumidor*
Antes de t	45 = 140 – 10P 10P = 140 – 45 P = 9,5	RMg = CMg 14 – 0,2Q = 5 0,2Q = -5 +14 Q = 45	EC = (14 – 9,5) · 45/2 EC = 4,5 · 22,5 EC = 101,25
Depois de t	30 = 140 – 10P 10P = 140 – 30 P = 11	Q = 30	EC = (14 – 11) · 30/2 EC = 3 · 15 EC = 45

Com a aplicação do direito aduaneiro, o excedente do consumidor diminui em 101,25 – 45 = 56,25 u.m.

Por último, deve-se comparar a receita fiscal com a variação do excedente do consumidor (VEC), ou seja: RF – VEC = 90 – 56, 25 = 33,75 u.m.

Conclusão: tendo em atenção o objetivo do governo, o direito aduaneiro deve ser aplicado.

b) Esta medida protecionista, embora implique a obtenção de uma receita fiscal superior à perda do excedente do consumidor para o país que aplica o direito aduaneiro, gera necessariamente uma diminuição da eficiência na utilização dos recursos. Dada a existência de um monopólio, o bem-estar e a eficiência seriam melhorados se se fizesse baixar o preço praticado pelo monopolista. Ora, o efeito é exatamente o contrário. Note-se ainda que o país ganhou à custa do seu parceiro comercial, o que poderá desencadear uma retaliação sobre os seus bens de exportação.

CAPÍTULO 6
INTEGRAÇÃO ECONÓMICA

TÓPICOS

Tipos de Integração Económica
- **Zona de Comércio Livre**
- **União Aduaneira**
- **Mercado Comum**
- **União Monetária**
- **Acordos de "Nova Geração"**

Teorias das Uniões Aduaneiras: efeitos estáticos da Integração Económica
União Aduaneira versus Zona de Comércio Livre: comparação dos efeitos no bem-estar[13]
Efeitos dinâmicos da Integração Económica
Teoria das Zonas Monetárias Ótimas

A. ESCOLHA MÚLTIPLA

1. Os acordos de comércio como o NAFTA (North American Free Trade Agreement) têm por objetivo eliminar as barreiras aduaneiras entre os países membros, ao mesmo tempo que se mantêm essas barreiras em relação a países terceiros. Esta situação viola que regra da Organização Mundial do Comércio?

a) Princípio da nação mais favorecida.
b) Princípio da liberdade de comércio.

[13] Ver, por ex., Dent, Christopher M. (1997), *The European Context, the Global Context*, Routledge: London and New York, pp. 30-35.

c) Princípio do artigo XXIV do GATT.
d) Princípio do tratamento nacional.

2. A União Europeia é um exemplo de:
a) União Aduaneira.
b) Zona de Comércio Livre.
c) Clube de Comércio Preferencial.
d) Acordo de *stand-by*.

3. Um Acordo de "Nova Geração ", de que é exemplo o CETA (Comprehensive Economic and Trade Agreement) entre a União Europeia e o Canadá, adotado parcialmente (90% das disposições do acordo) a partir de 21 de setembro de 2017, caracteriza-se por incluir, além das medidas relativas ao comércio de bens, medidas relativas a
a) mobilidade de fatores produtivos.
b) proteção do investimento externo.
c) redução de barreiras ao comércio não pautais.
d) todas as referidas nas alíneas anteriores.

4. A teoria das Uniões Aduaneiras pressupõe
a) taxas de câmbio constantes.
b) imobilidade dos fatores de produção à escala internacional.
c) balança comercial equilibrada.
d) todas as hipóteses referidas nas alíneas anteriores.

5. Se o país A forma uma União Aduaneira com o país B, do qual irá importar, pode afirmar-se que:
a) O preço de importação em A não poderá ser superior ao praticado no resto do mundo antes da adesão.
b) Todo o novo comércio criado entre A e B cai na designação de "criação de comércio".
c) O bem-estar em A e B necessariamente aumentará, sobretudo se estes dois países conseguirem substituir por comércio entre si todo o comércio que tinham com países terceiros.
d) A e B poderão beneficiar da União Aduaneira, especialmente se existirem economias de escala internas substanciais na maior parte das suas indústrias.

6. Em geral, a probabilidade de a criação de comércio ser superior ao desvio de comércio será maior para um país que forma uma União Aduaneira com outros países se entre os países que formam a união (i) a proteção comercial for _____ e se (ii) a semelhança na estrutura produtiva for _____.

a) baixa; baixa
b) baixa; elevada
c) elevada; elevada
d) elevada; baixa

7. Qual dos seguintes efeitos não pode ser considerado um efeito derivado da criação de uniões aduaneiras?

a) Possibilidade de aproveitamento de economias de escala.
b) Redução dos custos aduaneiros.
c) Alguma autonomia no uso da política comercial face a países terceiros.
d) Aumento da concorrência.

8. A criação de comércio originada pelos acordos de comércio regional entre dois países faz aumentar o bem-estar

a) apenas do país importador.
b) apenas do país exportador.
c) de ambos os países.
d) de países terceiros, se estes forem o produtor mais eficiente.

9. Em comércio livre, os Estados Unidos podem importar uma calculadora do México por 20$ ou da China por 19$. Nessa situação, os Estados Unidos importariam 1000 calculadoras. Porém, o governo americano aplica um direito aduaneiro de 10% sobre as importações de calculadoras, independentemente da sua origem. Os efeitos do estabelecimento de um acordo de comércio regional entre os Estados Unidos e o México incluem

a) calculadoras mais baratas para os consumidores americanos e uma redução da produção na China.
b) calculadoras mais baratas para os consumidores americanos e uma redução da produção nos Estados Unidos.
c) desvio de comércio nos Estados Unidos.
d) todas as alíneas anteriores.

10. Escolha a afirmação verdadeira:

a) O conceito de criação de comércio pode corresponder às importações provenientes de um país membro da União Aduaneira depois de subtrairmos o desvio de comércio. Nesse caso, é usual usar o conceito de criação líquida de comércio.
b) A criação de uma União Aduaneira origina sempre criação líquida de comércio.
c) Os efeitos da Integração Económica são sempre positivos no longo prazo em termos de bem-estar.
d) O desvio de comércio pode ocorrer com produtores de países terceiros menos eficientes do que os produtores de países membros.

11. No caso de se constituir uma União Aduaneira,

a) a criação líquida de bem-estar tenderá a ser tanto maior quanto menores forem as diferenças entre países membros nos custos unitários para indústrias protegidas do mesmo sector.
b) a criação líquida de bem-estar tenderá a ser tanto maior quanto mais elásticas forem as curvas de procura e de oferta dos países membros.
c) a criação líquida de bem-estar tenderá a ser tanto maior quanto menor for a percentagem do comércio externo entre países da união e maior o volume total de comércio externo fora da união.
d) nenhuma das alíneas anteriores é verdadeira.

12. O gráfico seguinte ilustra a situação do país A que, em situação de livre comércio, pode importar o bem X do país B ao preço de 10€ ou do país C ao preço de 15€. Contudo, o país A aplica direitos aduaneiros que fazem aumentar o preço do bem X no mercado interno de A para 20€ ou 25€, consoante o bem seja importado do país B ou do país C, respetivamente.

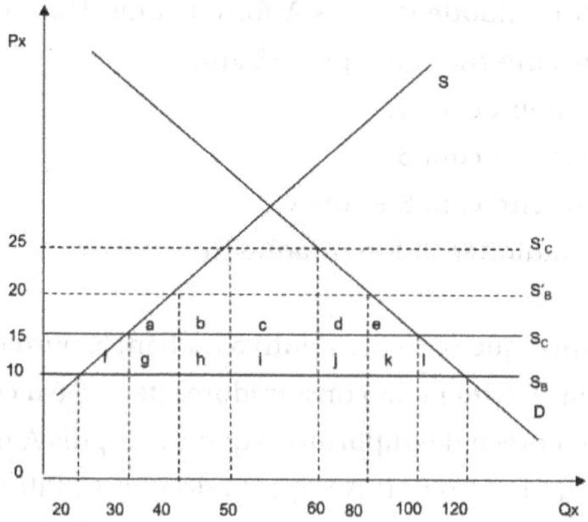

12.1. Se o país A formar uma União Aduaneira com o país C, haverá criação de comércio (à Viner) no montante de:

a) 100 unidades.
b) 10 unidades.
c) 40 unidades.
d) 30 unidades.

12.2. Se o país A formar uma União Aduaneira com o país C, haverá desvio de comércio (à Viner) no montante de:

a) 100 unidades.
b) 70 unidades.
c) 50 unidades.
d) 40 unidades.

12.3. Perante a eventualidade do país A formar uma União Aduaneira (com B ou com C), os produtores internos de A prefeririam

a) uma União Aduaneira com C.
b) uma União Aduaneira com B.
c) uma União Aduaneira com B e com C.
d) não estabelecer qualquer União Aduaneira.

12.4. Perante a eventualidade do país A formar uma União Aduaneira (com B ou com C), os consumidores internos de A prefeririam

a) uma União Aduaneira com C.
b) uma União Aduaneira com B.
c) uma União Aduaneira com B e com C.
d) não estabelecer qualquer União Aduaneira.

13. Considere o gráfico que se segue relativo ao bem X para o país A, no qual D é a curva da procura do bem X feita pelos consumidores de A, S é a curva de oferta dos produtores do país A, PB é o preço de importação quando o país A importa do país B, PC é o preço de importação quando o país A importa do país C, PBt é o preço interno em A com aplicação de um direito aduaneiro na importação de B, PCt é o preço interno em A com aplicação de um direito aduaneiro na importação do país C.

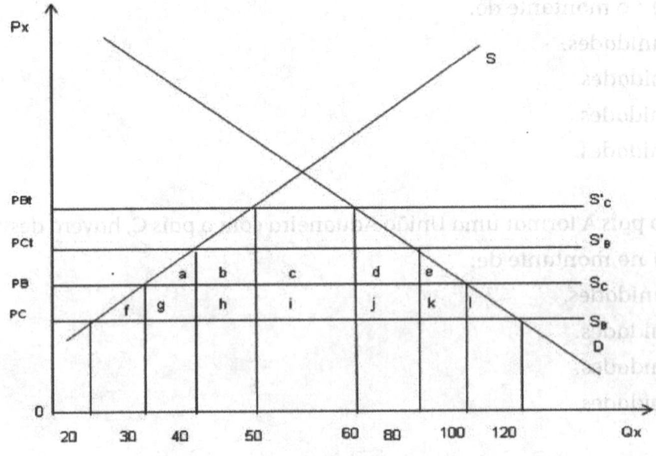

13.1. Suponha que o país A forma uma União Aduaneira com o país B. As importações serão:

a) 70, correspondendo na totalidade a desvio de comércio do país C.
b) 70, do qual só uma parte constitui desvio de comércio do país C.
c) 40, correspondendo na totalidade a desvio de comércio do país C.
d) 100, correspondendo na totalidade a desvio de comércio do país C.

13.2. O efeito líquido sobre o bem-estar do país A derivado da constituição de uma União Aduaneira com o país B ascende a:

a) a+b+f+g+h+d+e+j+k+l-c-i.
b) a+b+d+e-i.
c) a+e-h-i-j.
d) a+f+g+ e+k+l-b-c-d-h-i-j.

14. Suponha que as funções de oferta e de procura do Bem X no mercado interno do país A (país Pequeno) são dadas pelas expressões seguintes:

Oferta: Q = -1250 + 125Px;

Procura: Q = 10 000 – 100Px.

O preço do bem X no mercado do país B é 20 e o país A aplica um direito aduaneiro de 20% sobre as importações de X provenientes de B.

Caso o país A estabeleça uma União Aduaneira com B, a perda de receita fiscal equivale a:

a) 1750 u.m.
b) 5850 u.m.
c) 23 400 u.m.
d) nenhuma das alíneas anteriores.

15. É exemplo de um efeito estático da Integração Económica:

a) o desvio de comércio.
b) o aproveitamento de economias de escala.
c) a redução do grau de monopólio em determinadas indústrias.
d) o aumento do investimento direto estrangeiro.

16. Uma das principais vantagens que a teoria da Integração Económica destaca no caso do estabelecimento de um Mercado Comum, relativamente às Uniões Aduaneiras, é

a) promover a redução de barreiras ao comércio não pautais.
b) promover a adesão a políticas económicas comuns.
c) a possibilidade de destruir produção ineficiente.
d) considerar a mobilidade internacional dos fatores produtivos.

17. “Deflexão do comércio” é

a) outra designação para “desvio de comércio”.
b) outra designação para “criação de comércio”.

c) um fenómeno que pode ocorrer em Zonas de Comércio Livre.
d) um fenómeno que pode estar associado à criação de Uniões Aduaneiras.

18. Se entre dois países se constituir uma Zona de Comércio Livre em vez de uma União Aduaneira, muito provavelmente
a) os consumidores do país importador irão beneficiar.
b) países terceiros irão beneficiar.
c) a produção interna do país importador será menor.
d) todas as alíneas anteriores se verificam.

19. Quando se comparam os efeitos sobre o bem-estar decorrentes da constituição de uma União Aduaneira com os de uma Zona de Comércio Livre, conclui-se que, em geral, a Zona de Comércio Livre é ______, a não ser que na União Aduaneira se opte pela pauta externa comum do parceiro com o direito aduaneiro ________.
a) inferior; mais baixo
b) preferível; mais alto
c) preferível; mais baixo
d) preferível; zero

20. Qual dos seguintes efeitos pode ser considerado como um efeito dinâmico da Integração Económica?
a) Exploração de economias de escala.
b) Redução dos custos alfandegários.
c) Deflexão direta de comércio.
d) Qualquer das alíneas anteriores.

21. A Integração Económica
a) é sempre benéfica para os países integrados e sempre prejudicial para os países que ficam de fora.
b) pode ser benéfica para os países integrados e pode ser prejudicial para os países que ficam de fora.
c) pode ser benéfica para os países integrados, mas é sempre prejudicial para os países que ficam de fora.
d) é sempre benéfica para os países integrados, mas pode ser prejudicial para os países que ficam de fora.

22. Uma Zona Monetária Ótima é uma zona em que

a) os países membros otimizam o uso da Política Monetária.
b) os países membros acordam usar a mesma moeda.
c) os ganhos que a teoria associa à adesão para os países aderentes são superiores às respetivas perdas.
d) nenhuma das anteriores alíneas se aplica.

23. Para a existência de uma Zona Monetária Ótima, deve ocorrer entre os países membros

a) elevado comércio.
b) elevada mobilidade de capital financeiro e físico.
c) facilidade de emigração e de imigração.
d) qualquer das alíneas anteriores.

24. O gráfico seguinte ilustra o possível comportamento dos custos e dos benefícios decorrentes da criação de um sistema de moeda única entre o país A e os seus parceiros comerciais.

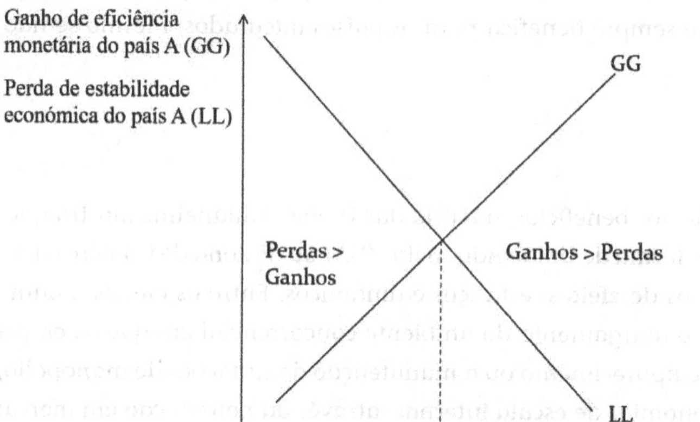

24.1. θ designa

a) a taxa de câmbio que deve ser estabelecida entre a nova moeda e a moeda antiga do país A.
b) o nível de Integração Económica entre o país A e os seus parceiros comerciais para o qual há vantagem na criação da moeda única.
c) o grau de abertura do país A.
d) os termos de troca internacional.

24.2. Não constitui um ganho de eficiência monetária do país A

a) a eliminação do risco de câmbio.
b) maior transparência de preços e concorrência.
c) menor custo de capital para as empresas como resultado do acesso a mercados mais líquidos.
d) a política monetária uniformizada.

25. Prevê-se que seja um ganho para uma Zona Monetária Ótima a existência de

a) fiscalismo orçamental.
b) elevados níveis de comércio intra-ramo.
c) uma moeda comum.
d) qualquer das alíneas anteriores.

B. Resposta aberta

1. Comente a seguinte afirmação: "A participação dos países em acordos de integração regional é sempre benéfica para os países integrados, mesmo se não é fácil aferir os efeitos".

Resolução

Relativamente aos benefícios, a teoria das Uniões Aduaneiras mostra que a Integração Económica na forma de União Aduaneira (UA) ou de Zona de Comércio Livre (ZCL) pode gerar dois tipos de efeitos: estáticos e dinâmicos. Entre os efeitos dinâmicos constam, entre outros, o alargamento do ambiente concorrencial em que as empresas operam, dificultando o aparecimento ou a manutenção de situações de monopólio, o aproveitamento de economias de escala internas, através da penetração em mercados externos, o estímulo ao investimento estrangeiro, e o aproveitamento de economias de aprendizagem. Quanto aos efeitos estáticos, são normalmente considerados o efeito de criação de comércio e o efeito de desvio de comércio. Apesar de o primeiro ser reconhecido como tendo um impacto positivo no bem-estar social, na medida em que significa substituir produção nacional menos eficiente por produção estrangeira mais eficiente, o segundo poderá ser negativo e levar a perdas líquidas no que se refere aos efeitos estáticos. Apesar disso, o mais provável é que se justifique a formação da UA/ZCL, pela concretização dos efeitos dinâmicos. Em qualquer caso, problemas diversos se colocam na aferição destes efeitos, entre os quais, o facto de a análise ter hipóteses claramente restritivas em relação à realidade no caso dos efeitos estáticos, para além de a informação necessária para os cálculos das áreas relevantes destes efeitos nem sempre estar disponível, e de os efeitos dinâmicos serem de difícil mensuração.

Mais recentemente, novas dificuldades para a captação dos efeitos da Integração Económica se somam às da medição dos efeitos anteriores, devido ao facto de os acordos mais recentes (de "Nova Geração") incluírem diversos outros tópicos para além das barreiras pautais (mobilidade de fatores, eliminação de barreiras não pautais, ambiente, proteção do investimento direto estrangeiro, proteção do trabalho, proteção da saúde humana), o que torna a tarefa de medição dos respetivos impactos complexa e pouco precisa.

2. No ano de 2019, foi criada uma Zona de Comércio Livre entre a União Europeia e o Japão. Assim, é possível que Portugal tenha desviado as importações de alguns bens provenientes da União Europeia com custos unitários mais baixos para bens provenientes do Japão com custos mais altos. Comente.

Resolução

O que poderá ter ocorrido é desvio de comércio, traduzido no desvio de importações por parte de Portugal de bens provenientes do resto do mundo com custos unitários mais baixos para bens provenientes do Japão com custos unitários mais altos.

3. Considere que a oferta e a procura de um determinado bem X no país A (país Pequeno) são descritas, respetivamente, pelas funções seguintes:

$Qs = 0{,}5P - 5$;

$Qd = 30 - (1/3)P$.

Considere, ainda, que o custo de produção de uma unidade do bem é de 42 unidades monetárias no país A, de 30 no país B e de 10 no país C. Calcule e identifique os efeitos produzidos sobre o país A que resultam da formação de uma União Aduaneira entre esta economia e o país B, quando o país A introduz um direito proibitivo às importações (M) do bem antes da constituição da União Aduaneira.

Resolução

$P^A = 42 \Rightarrow Qd = Qs = 16.$

$P^B = 30 \Rightarrow Qs = 10$ e $Qd = 20.$

$P^C = 10 \Rightarrow Qs = 0$ e $Qd = 26{,}7.$

Quadro síntese

	Antes da UA	Depois da UA
Qs	16	10
Qd	16	20
M	0	10
P	42	30

Ilustração gráfica:

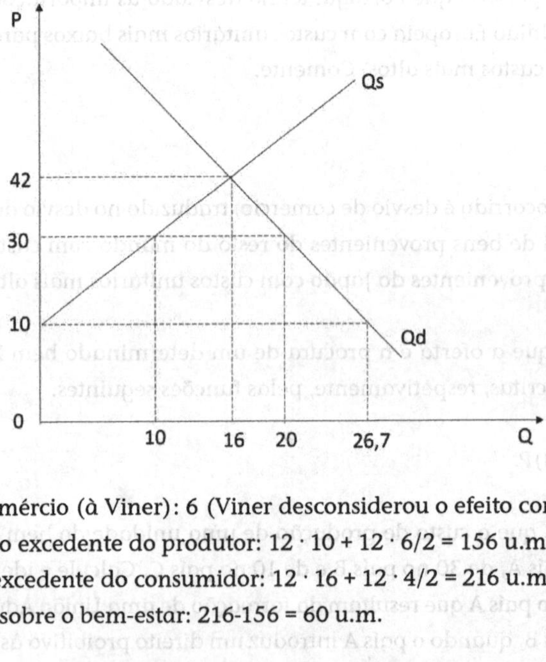

Criação de comércio (à Viner): 6 (Viner desconsiderou o efeito consumo).

Diminuição do excedente do produtor: 12 · 10 + 12 · 6/2 = 156 u.m.

Aumento do excedente do consumidor: 12 · 16 + 12 · 4/2 = 216 u.m.

Efeito líquido sobre o bem-estar: 216-156 = 60 u.m.

4. Considere que a oferta e a procura do bem X no país A (país Pequeno) são descritas, respetivamente, pelas funções seguintes:

$Q^s x = 0{,}5Px - 5;$

$Q^d x = 30 - (1/3)Px.$

Suponha, ainda, que este país aplica um direito aduaneiro de t% sobre as importações, independentemente da sua origem, e que estuda a possibilidade de constituir uma União Aduaneira com B onde o preço é Px = 20. Caso a União Aduaneira se concretize, a produção nacional cairá para metade. Nestas circunstâncias, quantifique os seguintes efeitos decorrentes da União Aduaneira:

a) Efeito sobre o consumo.
b) Efeito sobre o comércio.
c) Efeito sobre o excedente do produtor.
d) Efeito sobre o excedente do consumidor.
e) Efeito líquido sobre o bem-estar.

Resolução

Se o país A constituir a União Aduaneira com o país B, o preço de X no seu mercado interno passará a ser Px = 20. Com este preço, a produção nacional será de 5 e o consumo de 23,3(3). O país A importará 23,3(3) – 5 = 18,3(3) unidades de X. Portanto, a produção interna de A antes da União Aduaneira é 10 (o dobro de 5), a que corresponde um preço de 30, incluindo o montante do direito aduaneiro. A este preço, o consumo interno é de 20 unidades físicas e a importação é de 20 – 10 = 10 unidades.

Representação gráfica:

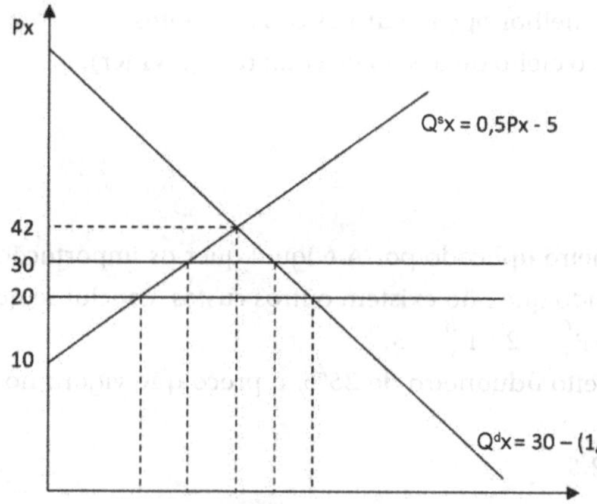

Nestas condições, tem-se:

a) Efeito sobre o consumo: aumento do consumo de 20 para 23,3(3) unidades.

b) Efeito sobre o comércio: aumento das importações de 10 para 18,3(3) unidades.

c) Efeito sobre o excedente do produtor: diminuição de $10 \cdot 5 + (10 \cdot 5)/2 = 75$ u.m.

d) Efeito sobre o excedente do consumidor: aumento de $10 \cdot 20 + (10 \cdot 3{,}3)/2 = 216{,}5$ u.m.

e) Efeito líquido sobre o bem-estar: aumento de $(10 \cdot 5)/2 + (10 \cdot 3{,}3)/2 = 41{,}5$ u.m.

5. Suponha três economias, A B e C. Considere que a economia A é uma economia Pequena que tem o seguinte comportamento ao nível do mercado do bem X:

Oferta: $Q^s x = -40 + 20Px$;

Procura: $Q^d x = 160 - \frac{160}{9} Px$.

Os preços do bem X nos países B e C são, respetivamente, 3 e 2. A economia A tem em vigor um direito aduaneiro de 25% sobre as importações de X, independentemente da sua origem.

a) Indique a receita fiscal proporcionada pelo direito aduaneiro aplicado por A.

b) Suponha que a economia A está a estudar a possibilidade de constituir uma União Aduaneira com B ou, em alternativa, com C, o que a obriga, em qualquer dos casos, a adotar uma pauta externa comum com direitos sobre as importações de X de 100%. Diga, justificando com cálculos, qual a alternativa que a economia A deve escolher se o objetivo for:

b1) Escolher a melhor opção para os consumidores.

b2) Minimizar o efeito de desvio de comércio (à Viner).

Resolução

a)

Se o direito aduaneiro aplicado por A é igual quer as importações tenham origem em B ou em C e supondo que não existem outros custos, conclui-se que a economia irá importar de C porque $P_x^C = 2 < P_x^B = 3$.

Aplicando um direito aduaneiro de 25%, o preço que vigora no mercado interno de A será:

$Px = 2 + 0{,}25 \cdot 2 = 2{,}5$.

Para este preço, tem-se:

$Q^s x = -40 + 20Px = -40 + 20 \cdot 2{,}5 = 10$;

$Q^d x = 160 - \frac{160}{9} Px = 160 - \frac{160}{9} \cdot 2{,}5 \cong 115{,}56$.

Importações: $Q^dx - Q^sx = 115{,}56 - 10 = 105{,}56$.

Receita fiscal: $105{,}56 \cdot 0{,}5 = 52{,}78$ u.m.

b)

Comece-se pela representação gráfica das condições do problema.

$Q^sx = Q^dx \Rightarrow -40 + 20Px = 160 - \frac{160}{9}Px \Rightarrow 20Px + \frac{160}{9}Px = 160 + 40 \Rightarrow 180Px + 160Px = 1800 \Leftrightarrow 340Px = 1800 \Rightarrow Px = 5{,}29$.

$Px = 5{,}29 \Rightarrow Q^sx = -40 + 20Px = -40 + 20 \cdot 5{,}29 = 65{,}8$.

$Px = 2 \Rightarrow Q^sx = -40 + 20Px = -40 + 20 \cdot 2 = 0$.

$Px = 3 \Rightarrow Q^sx = -40 + 20Px = -40 + 20 \cdot 3 = 20$.

$Px = 2 \Rightarrow Q^dx = 160 - (160/9)\,Px = 160 - (160/9) \cdot 2 = 124{,}4$.

$Px = 3 \Rightarrow Q^dx = 160 - (160/9)\,Px = 160 - (160/9) \cdot 3 = 106{,}7$.

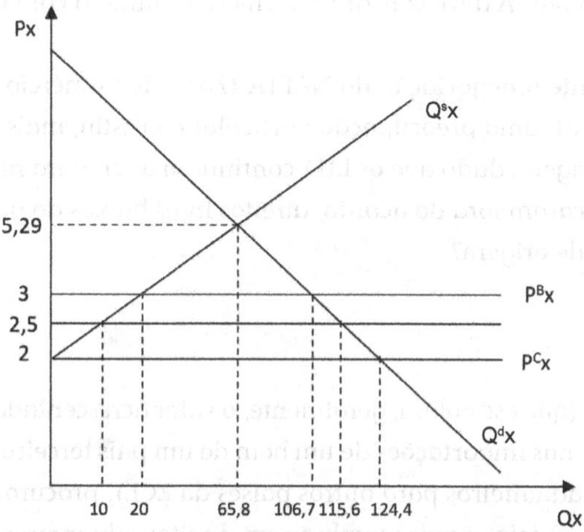

b1)

Hipótese 1: União Aduaneira com C.

$Px = 2 \Rightarrow Q^sx = 0$ e $Q^dx = 124{,}4$.

Então, a variação do excedente do consumidor (EC) será:

$\Delta EC = 0{,}5 \cdot 115{,}56 + [(0{,}5 \cdot (124{,}4 - 115{,}56)] / 2 = 59{,}99$ u.m.

Hipótese 2: União Aduaneira com B.

$Px = 3 \Rightarrow Q^sx = 20$ e $Q^dx = 106{,}7$.

Então, a variação (negativa) do excedente do consumidor será:
VEC = 0,5 · 106,7 + [(0,5 · (115,56-106,7)] /2 = 55,6 u.m.

Conclui-se que o país A deve constituir a União Aduaneira com C, país com o qual a variação do excedente do consumidor será positiva.

b2)

Hipótese 1: União Aduaneira com C.
Neste caso, não há desvio de comércio.

Hipótese 2: União Aduaneira com B.
$Px = 3 \Rightarrow Q^sx = 20$ e $Q^dx = 106,7$.

Neste caso, o desvio de comércio será 106,7 – 20 = 86,7.
Conclui-se que o país A deve constituir a União Aduaneira com C.

6. Na mais recente renegociação da NAFTA (Zona de Comércio Livre entre os EUA, o Canadá e o México), uma preocupação particular consistiu, mais uma vez, na definição das regras de origem, dado que os EUA continuam a ter, para muitos bens importados de países que ficaram fora do acordo, direitos mais baixos do que o México. Qual o objetivo das regras de origem?

Resolução

As regras de origem (que estipulam, geralmente, o valor acrescentado que um pais membro deve incorporar nas importações de um bem de um pais terceiro para o pode exportar livre de direitos aduaneiros para outros países da ZCL), procuram evitar a deflexão direta do comércio, ou seja, o país membro com direitos aduaneiros mais baixos seria a "porta de entrada" das importações de países terceiros posteriormente exportadas para outros países membros livres de direitos aduaneiros, que assim perderiam essa receita aduaneira e o efeito protetor da produção nacional do direito que aplicam. No caso referido, os produtos destinados ao México poderiam entrar mais facilmente através dos EUA, prejudicando o México e beneficiando os EUA.

7. Uma Zona de Comércio Livre é geralmente considerada preferível do ponto de vista do bem-estar relativamente a uma União Aduaneira. Justifique, ilustrando graficamente.

Resolução

O gráfico abaixo representa dois países que constituem uma União Aduaneira /Zona de Comércio Livre, em que o país doméstico é o que importa o bem e o país parceiro é o exportador.

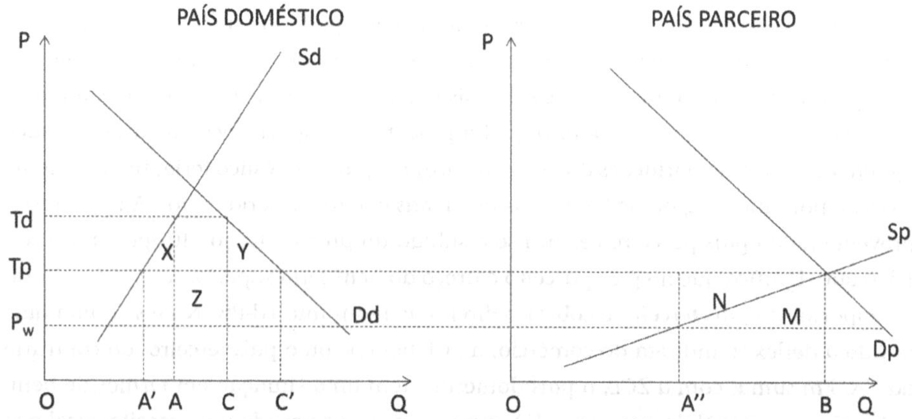

Pw representa o preço de importação de comércio livre, praticado por um país terceiro. Antes da Integração Económica, assume-se que o direito aduaneiro é o correspondente a Td-Pw, e o mesmo direito aplica-se ao país terceiro e ao país parceiro. Com a formação da UA/ZCL, o país doméstico irá preferir importar do país parceiro, assumindo-se que o direito é eliminado no âmbito da área integrada, mas não sobre o país terceiro. O montante que o país doméstico quererá importar ao preço Tp (o preço no país parceiro) será A'C'. Todavia, a esse preço o país parceiro tem uma procura interna que absorve toda a sua oferta, não podendo exportar. No caso de uma ZCL, na qual os países não estão condicionados pela aplicação de uma pauta externa comum, o pais parceiro, se aplicar um direito ao país terceiro no montante de Tp-Pw, assegura, por um lado, a proteção da sua produção interna, e, por outro, pode importar desse país o montante procurado pelo país doméstico (A''B=A'C'), auferir a respetiva receita fiscal, e satisfazer a procura interna correspondente a esse montante, abastecendo o país doméstico no montante que este procura (A'C') com a sua própria produção interna (deflexão indireta de comércio). Desta forma, o país parceiro ganha uma receita fiscal correspondente às áreas N+M, o preço do bem exportado (Tp) não se altera e o país doméstico ganha, com a constituição da ZCL, o correspondente às áreas X+Y-Z. O facto de o país parceiro optar por exportar para o país doméstico a sua própria produção, ao invés de exportar as importações do país terceiro, é uma forma de contornar a existência de regras de origem inerentes a uma ZCL, que visam impedir precisamente a (re)exportação livre de direitos de uma importação de um país terceiro para um país membro sem que haja acréscimo de valor acrescentado no país que (re)exporta, como aconteceria se o país parceiro (re)exportasse para o país doméstico a importação do país terceiro (A''B).

Se, em vez de uma ZCL, os dois países formassem uma União Aduaneira, a procura A'C' dirigida ao país parceiro pelo país doméstico não poderia ser satisfeita pela via da deflexão indireta do comércio, dado que os países membros neste caso estão sujeitos a uma pauta externa comum. O preço no país parceiro iria então subir até que atingisse o nível de equilíbrio (aquele para o qual a procura de importações do país doméstico iguala a oferta de exportações do país parceiro) e o país doméstico teria, relativamente à opção por uma ZCL, áreas X e Y mais pequenas e a área Z seria maior. A importação proveniente do país parceiro cessará se a subida do preço interno ultrapassar o nível Td, o que significa que no país parceiro o preço do bem seria superior ao que resultaria de importar do país terceiro e cobrar o direito de montante Td-Pw. Note-se ainda que, devido à deflexão indireta do comércio, a ZCL beneficiou o país terceiro, ao contrário da UA. Em suma, com a ZCL, o país doméstico tem uma situação em termos de bem-estar mais favorável do que com a UA, o país parceiro arrecada uma receita fiscal que não teria com a UA, e o país terceiro continua a poder exportar para a área integrada.

8. Diz-se frequentemente que os países em desenvolvimento têm pouco a ganhar com projetos de Integração Económica entre eles porque comercializam pouco entre si e muito com países terceiros. Tendo em consideração a matéria lecionada, explique este ponto de vista e apresente argumentação económica favorável à integração destes países.

Resolução

Esta visão do processo de integração entre os países em desenvolvimento parte da constatação de que estes países têm estruturas de produção baseadas em boa medida em exportação de matérias-primas e/ou produtos de baixo valor acrescentado, sendo os seus principais parceiros para o comércio de bens manufaturados os países desenvolvidos. Assim, será de esperar que acordos de integração gerem, em termos dos efeitos estáticos, pouca criação de comércio (estruturas produtivas pouco concorrenciais entre si) e desvio de comércio significativo, ou seja, as importações a partir de países terceiros tendem a ser substituídas por produção interna do espaço integrado, menos eficiente (com impacto negativo no bem-estar). Pode, então, antever-se que o impacto global, ao nível dos efeitos estáticos, possa ser negativo.

A razão pela qual, apesar dos impactos negativos esperados em termos estáticos, se argumenta a favor destes acordos, prende-se com os possíveis efeitos dinâmicos: maior concorrência, aproveitamento de economias de escala, atração de investimento estrangeiro, economias de aprendizagem, fenómenos de aglomeração, etc. É então possível que os impactos dinâmicos mais do que contrabalancem os efeitos estáticos negativos, gerando-se um efeito líquido positivo.

9. Paul Krugman, entre outros autores, considera que a Zona Euro não é uma Zona Monetária Ótima. Explicite os principais argumentos.

Resolução

Os argumentos mais relevantes referem-se a limitada mobilidade laboral, problema agravado com a elevada mobilidade do capital, dado que este poderá ser retirado de um país que enfrente uma recessão em contraciclo, agravando o desemprego; diferenças importantes na estrutura produtiva dos países membros indutoras de choques recessivos assimétricos; e ausência de um esquema eficaz na correção das assimetrias entre países em caso de recessão económica que afete de forma desigual os países membros.

CAPÍTULO 7
OUTROS TÓPICOS DE ECONOMIA INTERNACIONAL

TÓPICOS

Comércio internacional e países em desenvolvimento
- Instabilidade nas receitas das exportações e causas potenciais
- Política comercial
    - Políticas para estabilizar os preços ou receitas das exportações
    - Acordos de *Buffer Stock*
    - Acordos de Quotas na Exportação
- Estratégias de promoção de importações versus de promoção de exportações

Mobilidade de fatores: análise de efeitos segundo a teoria Neoclássica
- Movimentos de capital internacionais: investimento direto estrangeiro (IDE) versus investimento de carteira estrangeiro
- Efeitos económicos de movimentos de capital internacionais
- Efeitos económicos de movimentos de trabalho entre países

Efeitos indiretos do investimento direto estrangeiro[14]

Cadeias de Valor Globais[15]
- Conceito
- Valor acrescentado comercializado
- Medição

---

[14] Ver Crespo, N. & Fontoura, M.P. (2007), "Determinant factors of FDI spillovers-what do we really know?", *World Development*, 35(3), pp. 410-25.

[15] Ver OECD & WTO (2012), "Trade in value-added: concepts, methodologies and challenges" [online]. Joint OECD-WTO note. Disponível em: www.wto.org/english/res_e/statis_e/miwi_e/oecd_wto_mar2012_e.doc.

A. Escolha múltipla

1. Considere o gráfico seguinte:

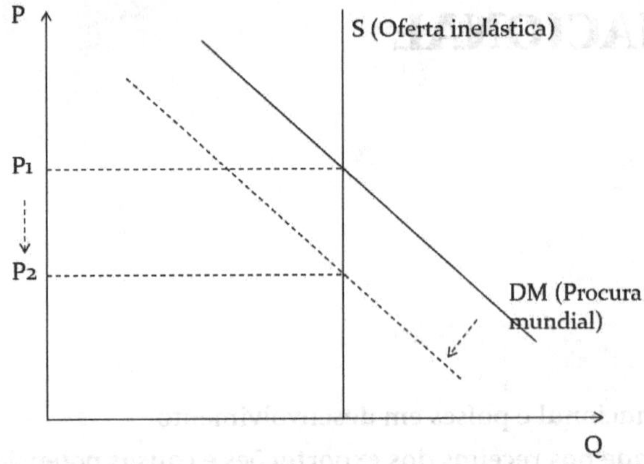

Este gráfico ilustra

a) um problema para o qual não existe solução.

b) uma situação de Crescimento Empobrecedor.

c) um problema comum de países exportadores de bens manufaturados.

d) um problema comum de países exportadores de matérias-primas.

2. O impacto de uma redução brusca na procura mundial sobre as receitas de um país monoexportador é tanto _____ forte quanto _____ elásticas forem as suas curvas de procura e de oferta.

a) mais; menos

b) menos; menos

c) mais; mais

d) nenhuma das alíneas anteriores

3. Qual das razões seguintes não tem sido proposta como possível explicação para a instabilidade nas receitas das exportações dos países menos desenvolvidos?

a) Um elevado grau de concentração dos bens exportados.

b) Uma baixa elasticidade da procura de exportações associada a um deslocamento da curva da oferta de exportações.

c) Uma baixa elasticidade da oferta de exportações associada a um deslocamento da curva da procura de exportações.
d) Uma elevada elasticidade da procura de exportações associada a um deslocamento da curva da oferta de exportações.

4. Os países em desenvolvimento reclamam frequentemente que são prejudicados pela deterioração dos seus termos troca internacional. Seja Px o índice de preço do bem exportado; Pm o índice de preço do bem importado; e Q o índice de quantidade produzida. Isto significa que o país em desenvolvimento regista um declínio em:
a) (Pm/Px) · Q.
b) Pm/Px.
c) Px/Pm.
d) (Px/Pm) · Q.

5. No gráfico seguinte, relativo a dois períodos (1 e 2), em que D e S designam, respetivamente, as curvas de oferta e de procura de exportações, se existir um acordo para estabilizar as receitas de exportação que estabilize o preço em Ps, então, em comparação com um mercado não estabilizado, o acordo conduz ao resultado de os exportadores terem uma variação no rendimento ao longo dos dois períodos ____.

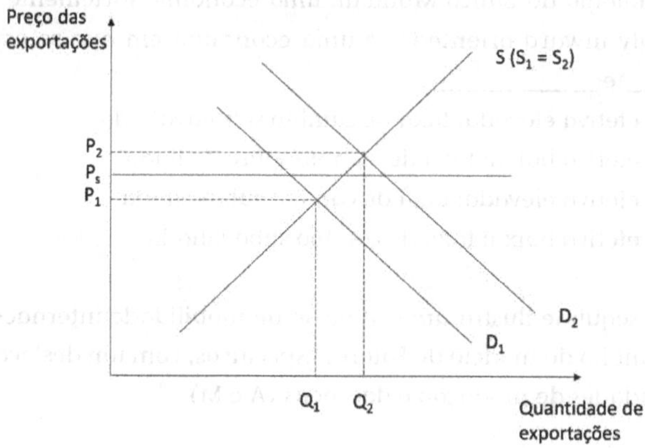

a) maior
b) igual
c) indeterminada
d) menor

6. Nos acordos internacionais para os países em desenvolvimento que envolvem a fixação de um preço máximo para um bem, se o preço mundial do bem ficar acima desse preço máximo, o acordo de *Buffer Stock* exigirá que a agência internacional ________ do produto e levará a que os países ________ as suas exportações do bem.

a) disponha de um *stock*; aumentem
b) disponha de um *stock*; diminuam
c) reveja o preço fixado; aumentem
d) reveja o preço fixado; diminuam

7. Nos acordos internacionais para os países em desenvolvimento que envolvam a fixação de um preço mínimo para o preço de um produto, se o preço mundial de um bem ficar abaixo desse preço mínimo, um acordo de *Buffer Stock* exigirá que a agência internacional ______ o produto e um acordo de Quota na Exportação exigirá que os países_____ as suas exportações do bem.

a) venda; aumentem
b) venda; diminuam
c) compre; aumentem
d) compre; diminuam

8. Na terminologia do Banco Mundial, uma economia fortemente orientada para dentro ("strongly-inward-oriented") é uma economia em que se espera encontrar ________________ e _____________.

a) proteção efetiva elevada; taxa de câmbio sobreavaliada
b) proteção efetiva baixa; taxa de câmbio sobreavaliada
c) proteção efetiva elevada; taxa de câmbio subavaliada
d) proteção efetiva baixa; taxa de câmbio subavaliada

9. O gráfico seguinte ilustra uma situação de mobilidade internacional de fatores produtivos no âmbito do modelo de Fatores Específicos, com um deslocamento da fronteira de possibilidades de produção e dois bens (A e M).

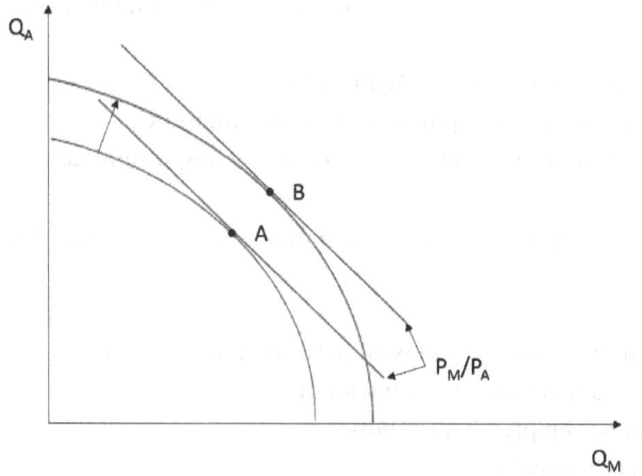

a) Trata-se da entrada de um fator específico.
b) Trata-se da saída de um fator específico.
c) Trata-se da entrada de um fator móvel entre indústrias.
d) Trata-se da entrada de qualquer fator.

10. A teoria Neoclássica dos movimentos de capital prevê que, com fluxos de entrada de IDE,

a) no país de origem do capital, desça a remuneração nominal e real do capital e aumente a remuneração nominal e real do trabalho.
b) no país de acolhimento do capital, aumente a remuneração nominal e real do capital e desça a remuneração nominal e real do trabalho.
c) não se alterem as remunerações dos fatores.
d) nenhuma das alíneas anteriores é verdadeira.

11. No modelo Neoclássico, a entrada de IDE faz __________ a produção no país de origem do capital, sendo que __________ a produção mundial.

a) aumentar: aumenta
b) aumentar; diminui
c) diminuir; aumenta
d) diminuir; diminui

12. No estudo dos efeitos decorrentes da entrada de migrantes, no modelo Neoclássico, conclui-se que

a) não há alteração na produção mundial.
b) diminui a produção no país de origem dos migrantes.
c) diminui, no país de acolhimento dos migrantes, a remuneração dos detentores do capital.
d) aumenta a remuneração dos detentores do capital no país de origem dos migrantes.

13. Efeitos indiretos das entradas de IDE num país são relativos a:

a) produtividade das empresas nacionais.
b) emprego nas empresas nacionais.
c) exportações do país.
d) todas as alíneas anteriores.

14. É canal de transmissão dos efeitos indiretos do IDE,

a) o aumento da concorrência.
b) a mobilidade da mão de obra.
c) o comércio de bens intermédios.
d) qualquer das alíneas anteriores.

15. Não constitui fator de transmissão dos efeitos indiretos do IDE, segundo a evidência empírica,

a) a existência de relações verticais entre as empresas.
b) a proximidade geográfica entre empresas nacionais e estrangeiras.
c) a existência de um gap tecnológico elevado entre empresas nacionais e estrangeiras.
d) o nível de desenvolvimento da região acolhedora do IDE.

16. Na presença de Cadeias de Valor Globais,

a) as estatísticas de exportação tendem a sobreavaliar o valor da produção exportada.
b) as estatísticas de exportação tendem a subavaliar o valor da produção exportada.
c) as empresas produtoras de um bem têm a aptidão de produzir ao longo de toda a cadeia de valor.
d) nenhuma das anteriores alíneas é verdadeira.

17. Valor acrescentado comercializado é
a) o comércio de bens com elevado valor acrescentado.
b) o valor acrescentado incorporado nas vendas de uma empresa.
c) o valor acrescentado no âmbito das vendas das empresas multinacionais.
d) nenhuma das alíneas anteriores.

18. Matrizes input-output ligadas internacionalmente informam sobre
a) os bens intermédios exportados.
b) os bens intermédios importados.
c) a exportação de bens para consumo final.
d) todas as alíneas anteriores.

B. Resposta aberta

1. Com o apoio de representação gráfica, discuta os efeitos da imigração sobre a remuneração dos fatores no modelo de Fatores Específicos.

Resolução

Suponha-se uma economia com duas indústrias, M (bens manufaturados) e A (bens agrícolas). O capital (K) é o fator específico da indústria M e a terra (T) é o fator específico da indústria A. O trabalho (L) migra livremente entre indústrias. O gráfico abaixo ilustra uma situação em que a dotação de trabalho desta economia aumenta no montante ΔL em virtude de um influxo migratório. Dado que, em equilíbrio, se tem $W_A = P_A \cdot PMgL_A = W_M = P_M \cdot PMgL_M$, verifica-se que o salário nominal nesta economia irá descer do nível W para o nível W', em resultado da diminuição da produtividade marginal do fator trabalho (mais trabalho combina-se agora com a mesma quantidade de terra na indústria A e com a mesma quantidade de capital na indústria M). Relativamente aos outros dois fatores, a mesma quantidade de fatores específicos (K e T) combina-se agora com uma maior quantidade de trabalho, ou seja, as produtividades marginais dos fatores específicos vão aumentar. Em síntese, os efeitos sobre as remunerações dos diversos fatores são os seguintes:

– Na indústria do bem M:

$W_M = P_M \cdot PMgL_M$;

$\uparrow L_M \Rightarrow \downarrow PMgL_M \Rightarrow \downarrow W_M$.

- Na indústria do bem A:

$W_A = P_A \cdot PMgL_A$;

$\uparrow L_A \Rightarrow \downarrow PMgL_A \Rightarrow \downarrow W_A$.

- Na indústria do bem M (capital):

$r_M = P_M \cdot PMgK_M$;

$\uparrow L_M \Rightarrow \uparrow PMgK_M \Rightarrow \uparrow r_M$.

- Na indústria do bem A (terra):

$r_A = P_A \cdot PMgT_A$;

$\uparrow L_A \Rightarrow \uparrow PMgT_A \Rightarrow \uparrow r_A$.

Representação gráfica:

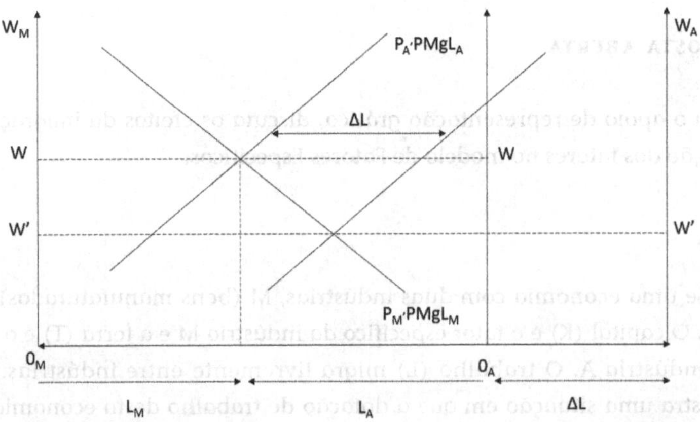

2. A evidência empírica evidencia que o impacto esperado do investimento direto estrangeiro na produtividade das empresas nacionais pode ser considerado ambíguo em muitos casos. Que razões podem ser apontadas para explicar esta ocorrência?

Resolução

De facto, podem ocorrer efeitos de sinal oposto ao esperado no que se refere a alguns canais de transmissão dos efeitos do investimento direto estrangeiro (IDE) na produtividade das empresas nacionais, com destaque para os seguintes:

- No caso da mobilidade do fator trabalho, que se refere à possibilidade de as empresas locais contratarem trabalhadores que, tendo trabalhado nas empresas estrangeiras, conheçam a tecnologia aí utilizada e possam implementá-la na empresa local, existe a possibilidade de as empresas estrangeiras, devido ao superior nível salarial praticado, atraírem os melhores trabalhadores das empresas nacionais;

– No caso do acréscimo de concorrência provocado pela presença das EMN no mercado local, do qual se espera um incentivo para as empresas nacionais utilizarem os recursos e a tecnologia existentes de modo mais eficiente ou mesmo para a adoção de novas tecnologia, poderão, no entanto, ocorrer importantes perdas de quota de mercado, forçando as empresas nacionais a produzir numa escala menos eficiente, com o consequente aumento dos seus custos médios ou mesmo a saída do mercado;

– No caso de relações verticais entre as empresas estrangeiras e as nacionais do tipo *forward linkages*, i.e., baseadas no fornecimento de bens intermédios por parte das empresas estrangeiras às nacionais, pode acontecer que o aumento de qualidade na produção dos bens intermédios leve a um aumento de preço que prejudique as empresas nacionais.

Outros fatores podem ser apontados para a ambiguidade referida, relacionados com a análise empírica: as *proxies* usadas para captar os efeitos do IDE podem não ser as mais indicadas, o modelo empírico usado pode estar mal especificado e/ou as técnicas econométricas usadas podem não ser as mais adequadas.

3. Indique alguns fatores que possam explicar o rápido crescimento do fenómeno das Cadeias de Valor Globais nas últimas décadas.

Resolução:

Entre as diversas fontes de crescimento da fragmentação internacional da produção, destacam-se: a diminuição dos custos de transporte, a liberalização dos movimentos de capital, o aumento acentuado no progresso tecnológico, o aprofundamento da integração regional, o incremento do transporte aéreo e a integração na economia mundial de novos países da Europa Oriental e da Ásia Oriental.

4. "As estatísticas comerciais convencionais revelam-se insuficientes para avaliar a importância do comércio no caso de bens e serviços que recorram ao uso de bens intermédios importados para serem produzidos". Comente.

Resolução

De facto, na presença de comércio de bens intermédios, as estatísticas de comércio internacional convencionais podem causar problemas de dupla contagem do comércio. Na medida em que bens/serviços intermédios importados são incorporados nos bens/serviços exportados, o valor das exportações reportado pelas estatísticas convencionais de comércio externo está "sobreavaliado" naquele valor. Para contornar este problema, tem-se recorrido a matrizes input-output ligadas internacionalmente e ao conceito de valor acrescentado comercializado, que mede o valor que é acrescentado por um país na produção de um bem/ serviço exportado. O valor acrescentado das exportações brutas de um país tem uma componente externa, que corresponde aos inputs importados usados para produzir bens/serviços exportados, e uma componente interna, que corresponde ao valor acrescentado interno incorporado nas exportações de bens intermédios ou finais. A componente interna pode ser decomposta em diversas componentes consoante o destino das exportações (se são consumidas diretamente pelo importador ou reexportadas para um terceiro país, ou reimportadas pelo país importador, podendo ser feita uma desagregação mais fina tendo em consideração se as exportações são de bens intermédios ou de bens finais). O conhecimento das diversas componentes de valor acrescentado das exportações brutas permite identificar o grau e o tipo de participação das economias nas Cadeias de Valor Globais.

RESPOSTAS ÀS QUESTÕES DE ESCOLHA MÚLTIPLA

Capítulo 1

1-d); 2-b); 3-a); 4-c); 5-c); 6-b); 7-b): 8-a); 9-b); 10-b); 11-a); 12-c); 13-d); 14-d); 15-b); 16-c); 17-b); 18-a); 19-a); 20-b); 21-c); 22-b); 23-d); 24-d); 25-c); 26-b); 27-d); 28-b); 29-a); 30-a); 31-a); 32-c); 33-b); 34.1-c); 34.2-c); 35-d); 36-b); 37-a); 38-a); 39-d); 40-b); 41-b); 42-b); 43-c); 44-a); 45-d); 46-c); 47-c); 48.1-b); 48.2-c); 48.3-b); 49-b); 50-a)

Capítulo 2

1-d); 2-c); 3-b); 4-a); 5-b); 6-c); 7-c); 8-c); 9-c); 10-c); 11.1-b); 11.2-d); 12-b); 13-a); 14-b); 15-d); 16-a); 17-c); 18.1-b); 18.2-a); 19-d); 20.1-c); 20.2-d); 20.3-d); 20.4-d); 20.5-b); 21-c); 22-d); 23-b); 24-d); 25-d)

Capítulo 3

1-c); 2-b); 3-a); 4-c); 5-b); 6.1-c); 6.2-a); 7-d); 8-c); 9-b); 10-a); 11-d); 12-a); 13-c); 14.1-b); 14.2-a); 15.1-b); 15.2-d); 16-c); 17-b); 18-b); 19.1-b); 19.2-d); 19.3-b); 20-b); 21-c); 22-c); 23-b); 24-b); 25-a); 26-a); 27-b); 28-c); 29-c); 30-a); 31-d); 32-d); 33-a); 34-d); 35-b); 36-b); 37-b); 38-d); 39-b); 40-d); 41-a); 42-c); 43-1-c); 43.2-b); 43.3-b); 43.4-d); 43.5-a); 43.6-c); 44-b); 45-a); 46-a); 47-c); 48-b); 49-b); 50-d)

Capítulo 4

1-a); 2-c); 3-d); 4-d); 5-c); 6-a); 7-b); 8-a); 9-d); 10-a); 11-d); 12-b); 13-c); 14-c); 15-d); 16-c); 17-b); 18-b); 19-b); 20-b); 21-c); 22-c); 23-d); 24-b); 25-d); 26-a); 27-b); 28-c); 29-d); 30-b); 31-a); 32-d); 33-a); 34.1-a); 34.2-c); 35-a); 36-d); 37-c); 38-a); 39-d); 40-d)

Capítulo 5

1-c); 2-b); 3-c); 4-a); 5-d); 6-c); 7-d); 8-b); 9-c); 10-b); 11-a); 12-b); 13-c); 14.1-c); 14.2-b); 14.3-a); 15-d); 16.1-c); 16.2-a); 16.3-b); 17.1-d); 17.2-c); 18-a); 19-a); 20-d); 21-d); 22-c); 23-d); 24-b); 25-d); 26-c); 27-a); 28-b); 29-c); 30-d); 31-b); 32-c); 33-d); 34-b); 35-d); 36-d); 37-a); 38-d); 39-c); 40-c); 41-a); 42-d); 43-c); 44-a); 45.1-a);

45.2-c); 45.3-d); 45.4-b); 45.5-a); 45.6-c); 45.7-b); 46.1-d); 46.2-c); 46.3-d); 46.4-a); 47.1-b); 47.2-a); 48-d)

Capítulo 6

1-a); 2-a); 3-d); 4-d); 5-d); 6-c); 7-c); 8-c); 9-d); 10-a); 11-b); 12.1-b); 12.2-d); 12.3-d); 12.4-b); 13.1-b); 13.2-c); 14-c); 15-a); 16-d); 17-c); 18-d); 19-c); 20-a); 21-b); 22-c); 23-d); 24.1-b); 24.2-d); 25-d)

Capítulo 7

1-d); 2-a); 3-d); 4-c); 5-d); 6-a); 7-d); 8-a); 9-c); 10-d); 11-c); 12-b); 13-a); 14-d); 15-c); 16-a); 17-d); 18-d).